スイング
理論を
見極める
Identify swing theory!!

ゴルフは「捨てる技術」で上手くなる！

世界基準の“ラクして速く”上達するヒント

Golf will be better with
"discarding techniques"!
Hints for improving "as soon as possible" by world standards

ゴルフスイング・コンサルタント
吉田 洋一郎
Hiroichiro Yoshida

辰巳出版

はじめに

　ゴルフを長く続けてきた人でも、キャリアが短い人も、すでにシングル級の腕前を持っている人でも、初心者の人でも、実際に自分でゴルフをしていて「ゴルフは簡単なスポーツだ」と感じている人は果たしているでしょうか？

　ゴルフを始めるまでは、「止まっているボールを打つんだから、動いているボールを打たなければならない野球やテニスよりも簡単だろう」と思っていた人は多いでしょう。しかし実際にやってみると、その止まっているボールを、自分の思ったところに飛ばし、止めることのなんと難しいことか。

　学生の部活動などを別にして、大人がこれほど一所懸命に雑誌や本で知識を集め、お金をかけて真面目に練習しているスポーツはゴルフのほかにないでしょう。草野球やフットサルをやっている人でも、またスキーやスノーボード、アウトドアスポーツをやっている人でも、きっとゴルフほど熱心に研究したり勉強したりはしていないでしょう。そしてそのニーズに応えるために、雑誌や本、動画などのレッスンも、実に数多く生み出され、世の中に流通しています。

にもかかわらず、多くのゴルファーが「なかなか上達しない」と感じ、実際にいつまでも100を切れないアベレージゴルファーの域を脱することができていません。巷にあふれるさまざまな情報を取り入れ、それを真面目に試して、自分のゴルフに新しいものや有用なものをどんどん「付け加えよう」としている人ほど、上達の迷宮にはまり込み、足踏みをしている。プロゴルファーである私自身がそういった経験をしてきましたし、私に相談しにくるアマチュアのほとんどが、そういった状況にあります。

この背景には、ゴルフというスポーツの難しさとは別に、ゴルファーの上達環境や取り組み方に大きな問題があるのではないかと私は考えています。

具体的に言えば、ゴルフには「正解」が多すぎるのです。多くのプロゴルファーがさまざまな理論を展開し、多種多様な情報があふれている。それぞれの理論を取り上げてみてみれば、おそらくそのほとんどが「正解」で、間違ったことやデタラメを言っている人はそう多くはありません。しかしそれらの「正解」たちはあくまでその人個人や、その人と似たタイプの人にとっての限定的な「正解」であり、すべての人にあまねく当てはまる理論やメソッドではないのです。

それゆえに、それら「正解」の断片を寄せ集めてすべてを取り入れようとしても、自分のスイング、ゴルフにとってはマイナスにしかなりません。

しかしゴルフの恐ろしいところは、特定の断片がたまたま現在の問題点とハマって、一時的な効果が出ることが多々あるということです。ほとんどのゴルファーが、あるプロが言っていたことを試したらスライスが劇的に治ったとか、アプローチの距離感が出るようになったとか、そういう経験をしたことがあるのではないでしょうか。しかし、この断片的な成功体験を受けて、同じような「コツ」を求めてさまざまな情報を節操なく取り入れた先には、混乱しかありません。

また多くのゴルファーが、初心者を脱し、100前後のスコアで回れるようになるころに、急激な右肩上がりの上達曲線を経験し、「自分はそのままのペースで上達していくのではないか」という錯覚にとらわれがちです。しかし、この上達曲線はずっと継続されるはずもなく、必ず停滞期を迎えます。本来は、そのときこそやるべきことを絞って地道に練習し、ゆるやかな上達を続けることが大事なのですが、人間どうしても欲が出て「何か劇的に上達できるメソッドがあるのではないか」と、いろいろなことに手を出し、結果的に遠回りすることになってしまうという傾向もあると思います。

だからこそ、ある程度のキャリアがあったり、技術的に一定以上のレベルに達したゴルファーが上達するためには、「付け加える」ことよりも「捨てる」ことが大事になってくるのです。いま持っている知識すべてを総動員して上達しようとするのではなく、いま持っているもののなかから、必要なものをチョイスして取り組むことが大事なのです。

ただし、知識を取り入れること自体は「悪」ではありません。ゴルフの上達のためには、理論や知識は非常に重要で、正しい知識や理論なしに上達することはほぼ不可能ですし、知識を得るということは選択肢を増やすことにも、そのなかから正しいチョイスをするうえでも不可欠です。知識がなくても、部活動のスパルタ指導のように、コーチと監督のもと「ダンプ1杯球を打つ」ような練習をすればもちろん上達するでしょうが、それは大人が日常生活を送りながら上達するためには現実的ではありませんし、効率がいいとも言えないでしょう。

本書を手に取ってくださるみなさんのように、ゴルフの上達を望んで本や雑誌を参考にする習慣のある人の頭の中には、すでに上達に必要なレベルの知識は蓄積されていると言って差し支えありません。本書は、そういった人の頭の中に乱舞している「誤解を招きやすい表現」を取り上げて「やめる」よう提案することで、よりシンプルに効率よく上達する道を示すことを目的としています。

たとえばゴルフのレッスン用語というのは、レッスンの現場でよくある問題点を劇的に改善するために強調されたり修飾されているものが非常に多くあります。そのため、その表現がなされた背景を考えずに字面どおりにやろうとすると、たいへん危険なケースも多いのです。とくに第1章では、そういった表現の危険性を指摘して、その真意をひもとくような内容となっています。

また第2章では、上達のための「練習」にフォーカスします。練習場で何でもかんでもいろいろやろうとすることほど危険なことはありません。上達するための練習が、迷宮への後押しにならないための、ガイドラインとなれば幸いです。

続く第3章は、コースでの出来事に焦点を当てます。実際にコースでプレーする際にも、アマチュアゴルファーの多くは、いろいろなことを「やりすぎる」傾向にあります。スコアを出すためには、コースでこそ、頭の中もプレーもシンプルにすることが重要なのです。

そして、いろいろなことを「捨てた」結果、何をすればいいのかに触れたのが最後の第4章です。ここでは10の項目をピックアップしますが、残念ながらゴルフには「これをやれば上手くなれる」というような「奇跡のドリル」は存在しません。しかし、上達するための本質に触れるような、核心に迫った提案ができていると思いますので、参考にしていただければ幸いです。

吉田洋一郎

第1章 「やりすぎる」スイングは上達しない

CONTENTS

第4章 上手くなりたかったら「コレだけやろう」

Golf will be better with
"discarding techniques"!
Hints for improving "as soon as possible" by world standards

第1章

「やりすぎる」スイングは上達しない

1 バックスイングをゆっくり上げるのをやめる

アマチュアに対するゴルフレッスンの現場でよく使われる言葉に「バックスイングをゆっくり上げよう」という表現があります。私はこの言葉には、メリット以上に大きなデメリットを感じます。

バックスイングを「ゆっくり」と指導する背景には、体の回転を伴わない手先に頼ったバックスイングをやめさせたいという意図があるのだと思います。たしかに、手だけでクラブをヒョイッと担ぐようなバックスイングは、手やクラブヘッドがピュッと速く動く傾向はあります。「ゆっくり上げろ」という指導は、そういった動きを修正するための指摘に端を発しているのでしょう。

また、かつてデビッド・レッドベターの指導で活躍し「ビッグ・イージー」と呼ばれたアーニー・エルスのスイングが非常に静かでゆっくりに見えることや、女子プロブームで大人気となった宮里藍選手のスイングをお手本にした指導の流れから、ゆっくりとしたリズムこそ理想であるというイメージが広がったことも大きいでしょう。

しかしこの「手先で上げる」という動きを防ぐための「ゆっくり」という指導については、ゆっくり上げることがその解決策であるという考え方は間違っています。ゆっくりとした動きは、バックスイングのスムーズさを損ないますし、バックスイングの反動を使えないため、ヘッドスピードを出すうえで不利です。

たしかに手先だけでピュッと上げてしまうと体の回転が不足しがちになりますが、大事なのは手だけが体よりも過剰に速くなってしまわないことであって、手やクラブをゆっくり動かすことではありません。さらに、バックスイングを手先でゆっくり上げてしまうと、切り返し以降で力んで急加速する動きを招きやすく、リズムを損ないやすいという側面もあります。

そもそもアーニー・エルスのスイングがゆっくりに見えるのは、腕と体の動きが同調しているからであって、実際のスイングスピードはかなり速いのです。彼のスイング動画に合わせて素振りをしてみるとわかりますが、到底追いつかないほど速く振っています。反対に、手先だけの動きで速く上げようとしても、速く見えても実際は遅くしか動かせません。

宮里藍選手の場合は、「超」がつくほどのシャットフェース（フェースがかぶった状態）でクラブを扱う、かなり特殊なスイングといえます。彼女ほどのシャットフェースでクラブを速く動かすと、ヘッドの運動量が大きくなってフェースが返り、左に引っかけるミスのリスクが高まります。彼女は、そういった特殊な状況があっての「ゆっくり」スイングなので、一般的なアマチュアに当てはまる指導とはいえません。

飛距離のためにも、スムーズなスイングのためにも、バックスイングをゆっくり上げるのは害が大きい。目指すべきは、腕と体が同調したうえで、それをスピーディに動かすことにあるのです。

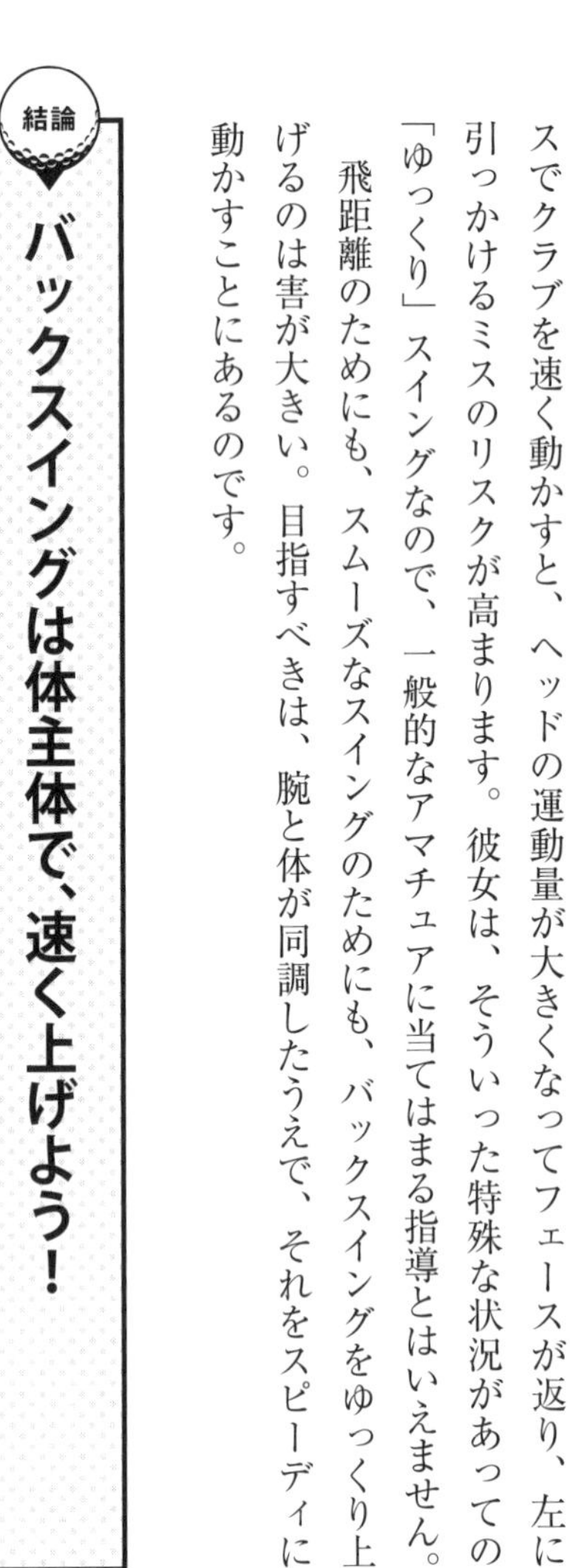

結論

バックスイングは体主体で、速く上げよう！

2 意識的に「ねじる」のをやめる

バックスイングで体をしっかりとねじって、その反動を使ってダウンスイングする、というのは、ゴルフの常識のように思われていますが、あまり適切な表現ではないと私は思っています。

「体を深く捻転させろ」と言われる背景には、まずトッププレーヤーのスイングを写真や動画で見ると、トップでの下半身の向きと上半身の向きに差があって、大きくねじれているように見えるということがあると思います。

これはまぎれもない事実ですが、ではその状態を作るためにプレーヤーが体を「ねじって」いるかというと、多くの場合そうではないですし、多くのアマチュアにとってはその意識が悪い動きを生みやすいという側面があると思います。

そもそも人間の体の仕組み上、胸椎は40度程、腰椎は5度程度しかねじれませんので、下半身を止めて上半身だけを深く回していくという動作は不可能です。それに逆らって必要以上に「ねじろう」とすると、バランスを崩してトップで左足に体重が乗りすぎる逆体重状態になったり、軸が乱れるなどの悪い動きにつながりますし、何より体に必要以上の負荷がかかって、ケガの原因にもなります。

また、人間の体の「ねじれ」は、みなさんが思っているほどのパワーを生むことはできません。試しにイスに座って足を浮かせ、上体をねじってみてください。それが戻るときにゴムのようにスピードが生じたりはしないことがわかると思います。

実際のゴルフスイングで重要なのは、「動きの順番」です。ダウンスイングを下半身からスタートさせ正しい順番で動くと、上下の動きに時間差が生まれ、外から見たときにそれが「ねじれ」に見えます。この運動連鎖を正しく理解し、正しい順番で動くことができれば、結果的に適正な「ねじれ」が生じるのです。

動きの順番が正しければ「ねじれ」は自然と生じる！

必要以上に「ねじる」ことを意識しすぎると、スイングのバランスを崩しやすいうえ、体への負担も増加する

3 下半身を「止める」、「静かに使う」のをやめる

みなさんのなかには、スイング中、下半身を「どっしりさせなさい」とか、「固定しなさい」と指導されたことがある人は多いのではないかと思いますが、これはスイングのスムーズさを損なったり、適正な回転を得られずにパワーをロスするなどの弊害があるので、おすすめできません。

また、下半身を止めてスイングしようとするのは、「ねじる」のと同様、体に必要以上の負荷をかけ、ケガの原因になる可能性もあります。

本来、下半身はスイング動作の主体となってパワーを生み、回転運動を促進する大事なパーツです。下半身がなめらかに、ダイナミックに動くことで、その上に乗った上半身も力みなくスムーズに動きます。前後方向の体重移動も生じますし、地面を押すよう

に圧をかける動作も行われるべきところを、どっしりと固定しようとするのはナンセンスです。

たしかに、ミート率が低く球が曲がるアベレージゴルファーには、下半身が左右に動きすぎ、いわゆる「スウェイ」状態になってスムーズな回転を阻害している人もいます。そういう人に、とりあえずヘッドをボールに当てる確率を上げるために「下半身を止めるイメージで」と指導するケースは、現場レベルであるかもしれません。

また、トッププロのスイングの連続写真などを見ると、一見下半身が動かずに「どっしりと」したままス

下半身はスイングの主体としてダイナミックに動かしていくべきであり、それを抑えようとするとスムーズな動きを阻害しやすい

イングしているように見えるケースもあります。しかし、そういった選手であっても、下半身を「止めて」いるわけではなく、必ずや積極的に動かしている結果、外から見ると「静かに」見えているだけなのです。

あるいは、そもそもが非常にダイナミックに下半身を使ってスイングするタイプのプロゴルファーのなかには、コントロール性を高めるために下半身の動きを「抑える」意識でスイングしており、雑誌の記事などで取材を受けた際にそのように答える人もいるのでしょう。

しかし、それはあくまで一部のトッププロの個人的なイメージでしかなく、アマチュアにとって積極的に真似するべきイメージではないということを覚えておいてください。

下半身は積極的に動かしてスイングしよう

4 「ボールをよく見て打つ」のをやめる

ゴルフの初心者がよく言われるレッスン用語のひとつに「ボールをよく見て打て」という言葉があります。みなさんのなかにも、先輩やコーチなどから、この言葉を言われたことがある人は多いのではないでしょうか。

この言葉は、「ヘッドアップ」、つまりスイング中に顔が上がってしまうゴルフではタブーとされる動きを抑えるために使われることがほとんどでしょう。たしかに、アマチュアゴルファーには、クラブヘッドがボールにインパクトするよりも先に前傾姿勢が崩れて顔が上がり、ダフリやトップ、スライスなどのミスが出るケースが多くあります。

しかし、この悪いヘッドアップを直すために「ボールを見る」という表現は適切でしょうか？　プロゴルファーや上級者のスイングを見ると、インパクトの瞬間に顔がボール方向を向いている人が多いのは事実ですが、彼らがみんなボールを凝視してインパクトしているかというと、そんなことはありません。むしろ、ボールを見ることを意識している人は半数未満でしょうし、トップの位置でもアドレス時と同様にボールを見ている選手はほとんどいないはずです。

ゴルフは、止まっているボールを打つスポーツですので、少しくらいボールから目を離したからといって当たらなくなることはありません。事実、リオオリンピックで銀メダルに輝いたヘンリク・ステンソンや、かつてUSLPGAで一時代を築いたアニカ・ソレンスタムのように、インパクトより前に視線を早めに上げてスイングする選手もおり、インパクトでボールを見ていなくても、再現性の高いスイングはできるのです。

一方、アマチュアゴルファーには、スイング中にピンや目標方向、自分の飛球などが気になって顔が上がり、前傾が崩れてミスショットしがちな人が一定数います。「ボールを見ろ」という指導は、そういったミスの多い人に、ターゲットを気にせずスイングに集中しなさいという意味と、前傾姿勢の維持を意識させることなどをひっくるめて、なんとなくわかりやすい表現として使われ定着した言葉であって、ボールを見ること自体に意味はありません。むしろ、「ボールを見ろ」という指摘によって生じやすいボール地点を凝視する動きは、スムーズな回転を損ないスイングに悪影響

ボールを見ること自体に意味はなく、ボールを見続けようとする意識は、体のスムーズな回転を損ないやすい

を及ぼす可能性もあります。

ボールをよく見たままバックスイングしようとすると、視界の変化を嫌がって右への体重移動がスムーズに行われず、トップで逆体重になったり軸が傾くなどの悪い動きが生じやすくなります。また、「凝視する」という意識があると、肩や首回りなどに力が入りやすく、スムーズな動きを損なって回転不足になりやすいという側面もあります。スイング中は、首と肩の動きがセパレートされて体が回転する必要がありますが、ボールを凝視することによって、その自然な動きが損なわれやすいのです。

スイング中のNG動作は、ボールから目が離れることではなく、上体の前傾が起き上がって軌道が崩れることです。ここを履き違えないようにしてください。

結論

ボールを見ることではなく、前傾を崩さないことが大事

5 「頭を残す」のをやめる

「頭を残せ」という言葉も、「ボールを見る」と同じようによく使われる表現ですが、同じように危険な言葉です。

プロゴルファーのスイングを正面から見るとおそらくほとんどのインパクトで頭がボールよりも右（後方）に残っていますし、「ヘッド・ビハインド・ザ・ボール」という言葉は欧米のスイングメソッドにも存在します。ですがその事実と「頭を残せ」という言葉の決定的な違いは、前者が「こうなっている」という現象を表す言葉であるのに対して、後者が「こうしろ」という動作を示す言葉であるという点です。プロゴルファーの多くは、「頭を残そう」としてスイングしているのではなく、スムーズにスイングした結果「頭が残っている」のだということがポイントです。

このようなレッスン用語が流布している原因には、ダウンスイングで上体が左に突っ込み、インパクトの段階で頭がボールの真上もしくは左に流れてしまっている人が多いことにあります。上体が左に流れると、ダウンスイングはアウトサイドインのカット軌道になる場合がありますので、スライスに悩むアマチュアに多い現象です。

しかし、だからと言って「頭を残す」ことを意識してスイングしようとすると、前述の「ボールを見る」のと同じように動きのスムーズさを欠きやすいですし、ダウンスイング以降の左への体重移動を阻害し、インパクトで右に体重が残ってしまう「明治の大砲」のような動きを招きやすくなります。

大事なのは、振り抜かれていくクラブと体が引っ張り合える形。インパクトまで重心が目標方向に向かわないようなバランスが肝心なのです。

結論

頭だけを残そうとせず、体全体が左へ突っ込むのを防ごう

上体が左に突っ込むと、スイングはカット軌道になりやすい

ビハインド・ザ・ボールは必須条件だが、頭だけを残すことに意味はない

6 上下動を抑えるのをやめる

スイング中の上下動は、インパクトの再現性を損ないミスショットの原因となるためタブーである、と信じるゴルファーは意外に多いですが、これは正しくありません。とくに、「頭の高さを変えるな」という指導はよく耳にしますし、ダフリやトップのミスが多い人にとっては、「上下動がその原因だ」と言われてしまうと素直に「なるほどそうかもしれない」と納得してしまいがちですが、スイング中の上下動は、必ずしも「悪」ではないのです。

FOLLOW

実際にプロゴルファーのスイングを写真や動画で見てみると、ジャスティン・トーマスやレクシー・トンプソンなどスイング中に頭の位置が上下に動く人も少なくなく、精度の高いスイングに不可欠な要

バックスイングで伸び上がり、切り返しで沈んで、ダウンスイングで伸び上がるのは悪い動きではない

因ではないことがわかると思います。
とくに、最近主流となっている地面反力を上手く使ったスイングにおいては、ある程度の上下動は必要な動きとすら言えます。

一方、地面に垂直な軸に対して水平回転を意識するタイプのスイングメソッドにおいては、上下動があまり推奨されないのも事実です。ゴルフのスイング理論には1つの絶対的な「正解」があるわけではなく、さまざまな理論が存在し、プレーヤーそれぞれに合ったそれぞれの「正解」スイングが存在します。そのなかには、上下動を許容するものも、否定するものもあるということです。

しかし、ミスショットの多いアマチュアのスイングに「悪い上下動」が多いのも事実ではあります。たとえば、バックスイングで頭が下がるように沈み込み、ダウンスイングでそこから伸び上がりながらクラブを振り下ろす動きは、たしかにミスショットの原因となりやすい動きです。また、バックスイングで右にしっかりと体重移動できずトップで逆体重になるケースも、悪い伸び上がりの一例です。仮に上下動を使ってスイングする場合でも、こういった動きは不適切です。

スイング中の上下動のポイントは、バックスイングで伸び上がり、切り返しからダウンスイングの序盤でそれを縮めることで地面に圧をかけ、その反力を利用してインパクトに向けて伸び上がる動きです。こういった正しい上下動であれば、地面からの反力を前後軸を中心とした回転運動に変換し、スイングスピードを上げることができます。

また、スイング中の上下動と関係の深い動きとして、ひざの伸縮があります。上下動をタブー視するメソッドにおいては、スイング中にひざが伸びることも否定します。

しかし、上下動を許容するメソッドにおいては、バックスイングで右ひざが伸び、インパクト前後で左ひざが伸びるのは必須の動きです。ひざの伸展と連動して骨盤を切り上げ、体の回転を促進するからです。

このひざが伸びる動きについても、上下動同様、必ずしもタブーではないということを理解しておいてください。

結論

地面反力を使うには、上下動が必要

7 「体重移動」をやめる

「体重移動」は、スイングを説明するうえで非常によく使われる用語で、本書でもすでに何度も出てきています。そして、ゴルフスイングに必須の要因でもあります。

それを「やめろ」と言うのは暴論に聞こえるかもしれませんが、これはスイング中に体重移動が生じてはいけないということではなく、「体重移動」という言葉を意識した動きによって生じやすいデスムーブ（悪い動き）でスイングを乱している人が多いため、そこに十分な注意と正しい理解が必要であり、場合によっては体重移動を意識しないほうがいいケースも多いということです。

まず、前提として理解してほしいのは、スイング中、バックスイングからトップでは右足に体重が多くかかり、ダウンスイング以降は左足に多くかかるのは疑いのない事実で、これがスイング中の「体重移動」と呼ばれているのだということです。

しかし、「体重移動」という言葉から動きをイメージしようとすると、体全体もしくは体の重心（中心）を右、左と揺さぶる動きになりやすい。ここに大きな問題があります。

たとえば、その場で足踏みをする動作を想像してください。右足を踏んで左足が地面から浮いている間は体重の100％が右足にかかり、反対に左足が地面について右足が浮くと、今度は体重が100％左足に乗ることがわかると思います。このとき、体の重心を左右に揺さぶったりスライドさせようとはしていないはずです。もちろん、体を左右に揺さぶっても体重移動は起こりますが、このようにその場で足踏みする際にも体重移動は確実に起こっており、ゴルフスイングにおいて求められる体重移動とはこの足踏みに近いイメージなのです。その意味では、「体重移動」という言葉よりも「加重移動」「加重の入れ替え」などという言葉のほうが適切なのかもしれません。

「ちゃんと体重移動しなさい」という指導が行われる背景には、トップで左足に体重が残って逆体重になるケースや、下半身を動かさずにその場に踏ん張って手を振るようなスイングをするアマチュアが多いという実情があります。それを直すために「トップでは右に乗って、ダウンスイング以降は左に乗る」ということを、手っ取り早く「体重移動しろ」と説明するのです。そこに嘘はありません。

しかし、コーチが監督しながら「もっと体重移動してスイングしてください」と指導している間はいい動きができていても、コーチの目を離れて、その言葉を思い出しながら一人で練習する際やコースでスイングしていると、言葉のイメージに引っ張られて、体を左右に大きく揺さぶるようなスイングになってしまうケースもとても多いのです。そしていつの間にか当初とは違った問題が生じ、スイングは泥沼にハマっていきます。私が「体重移動をやめなさい」と言うのは、そのためなのです。

体重移動が過剰になったり不足したりするアマチュアの多くは、体の上半身に意識が偏っており、その上半身の動きによって「体重移動」を、ひいてはスイング全体をコントロールしようとする傾向が見られます。そうでなくて、大事なのは下半身です。

スイング中、足の裏で地面に圧をかけるようなアクションを正しく行うことで、スイング中の体重移動はほぼ完了します。具体的には、バックスイングの始動時には左足を踏んでバックスイングの反動をつけ、それによってトップでは自然と右足に多くの体重がかかります。そして切り返しからダウンスイングにかけては左足でしっかりと地面に圧をかけ、そこから両足を蹴るようにしてクラブを加速させていきます。「体重移動」をイメージする際は、この下半身の動きを正しくイメージし、逆体重になったり体を揺さぶる動きにならないように注意してください。

「体重移動」を意識しすぎると体が左右に流れやすいので注意が必要だ

8 インパクトで「アドレスを再現」するのをやめる

「インパクトはアドレスの再現」という言葉を聞いたことがある人は多いでしょう。しかし、この言葉は完全に嘘です。インパクトとアドレスは、まったく違う形であり、「再現」しようとすることにほとんどメリットはありません。

部分ごとに細かく見ていけば、まずいちばん大きく違っているのが腰の向きです。アドレスではボールに正対していますが、インパクトでは大きく左に回転し、少ない人でも10度以上、多い人では90度近く目標方向を向いています。この腰の回転に伴って、左足はかかと側に体重がかかり左ひざがアドレスよりも伸びますし、右足はつま先側に体重がかかり、内側に倒れたりわずかに右ひざの曲がりが強くなったりします。そして前述のように体重移動が生じ、インパクトではアドレス時よりも左に多くの体重がかかっているべきです。

両肩でできるラインは、アドレスでは腰と同様にボールに正対しており、これを感覚的にはインパクトでもボールに正対した状態に戻したいと言う人はいますが、実際にはほとんどの場合、多少なりともターゲット方向に向いてインパクトしています。

頭の位置は、「動かしたくない」という人もいますし、写真で見ればインパクトでアドレスの位置に戻っているケースも多いですが、先述したように必ずしも不動である必要はなく、スイングのバランスを取るための〝重り〟として多少の上下・左右動は許容範囲と言えます。

手元とクラブに関しては、まず飛球線後方から見ると、クラブヘッドに遠心力が加わることでダウンスイングからインパクトにかけてシャフトが下方向になる「トウダウン」が生じるため、アドレスよりもわずかに手元が浮かなければ正しくインパクトできません。ただし、この動きはクラブの遠心力と引っ張り合うバランスの中で起こるため、プレーヤーの感覚と実際の動きは必ずしも一致しません。手元が浮かないように押さえ込むようなイメージを持ち、それを「アドレスの位置に戻す」と表現する人もいますし、反対に引き上げるような感覚でバランスを取っている人もいるでしょう。しかし、いずれの場合も「アドレスの再現」かと言うと、厳密には違います。

またこれに伴って、クラブの遠心力とバランスを取るために若干前傾が起き上がって上に上がるのは問題ありません。

一方で、手元やクラブの動きを正面側から見たときには、基本的にはアドレスに近い状態に戻すことが求められます。インパクトでクラブが前後に大きく傾くと、ロフトが変わったりヘッドの入射角に悪影響が出て、クラブ本来の性能を引き出せなくなるからです。ただし、左への体重移動や体の回転に伴ってアドレスよりもわずかにハンドファーストになる（前方に傾く）のは悪い動きではなく、実際にそのようにインパクトするプロも多いので、やはり「アドレスの再現」が必須の要因ではありません。

しかしインパクトをアドレスの再現などと言う背景には、このクラブのポジションが大きな理由なのではないかと私は考えています。というのも、スライスに悩むアマチュアゴルファーの多くは、ダウンスイングでクラブをリリースしきれずに振り遅れています。つまり、クラブを「アドレスに近い状態」にまで戻せていない人が多いのです。「アドレスを再現しなさい」という表現は、このクラブのリリースを指している場合が多いのではないかと思うのです。

とはいえ、「インパクトでアドレスを再現しろ」という表現はあまりに不正確で、極端と言ってもいいアドバイスだと私には思えます。どこかをアドレスの状態に戻す感覚でスイングしている人はいるでしょうし、それが間違いだとは言いませんが、そ

アドレス（上）とインパクト（下）では、腰や肩の向きも左右の体重配分も大きく異なり、まったく違う形

の前提としてアドレスとインパクトの違いを正しく知ることは不可欠だということを忘れないでください。

アドレスとインパクトは全然違った形だ!

9 「体を回す」「腰を切る」のをやめる

「体を回す」「腰を切る」。これらもゴルフのレッスン用語のなかでも誤解を招きやすい表現の代表格ですので注意が必要です。

前述のように、ダウンスイングからインパクトでは、腰も肩もアドレスよりも目標方向に回っていますし、トップの形から考えればたしかに大きく左に回っていなければこの形にたどり着きません。しかし、これらの表現を言葉どおりに行おうとすると悪い動きを誘発しやすく、実際にスイングに問題を抱えているアマチュアには、この言葉に引っ張られた動きに原因がある人が多いように私には思えます。

まず「体を回す」という表現ですが、アマチュアゴルファーには、スイング中の体の回転量が不足して振り切れていない人が多い。その回転不足を是正するために「体を回せ」という表現が多用されるのでしょう。

しかし、切り返しからダウンスイングにかけて「体」を左に回そうとしたときに起こる典型的な動きが、上体の開きです。本来、ダウンスイングからインパクトにかけては下半身が先行し、上半身が遅れて回ってくることが重要です。この順番による上下の時間差は、体を回すというよりも、切り返しで左にしっかりと体重移動する（左足で地面に圧をかける）ことによって自然と生じ、足の裏を前後に使うような加重移動によって体が自然と〝回され〟ます。これはむしろ受動的な動きと言っても過言ではありません。

これを能動的な「体を回す」という意識でダウンスイングを行おうとすると、下半身と上半身が一緒に動いたり、ひどいときには上体が先行してしまいます。これではクラブはアウトサイドインのカット軌道でしか下りてこず、スライスか引っかけ以外出ません。

一方で「腰を切る」という表現は、この下半身先行の運動連鎖が崩れ、上下が一緒に回ってしまう動きを防ぎ下半身を先行させるために使われる表現です。実際、プロゴルファーのスイングを見ると、ダウンスイングの序盤から腰が上体よりも先行して大きく左に回っていますし、実際に「腰を切る」という感覚でスイングしている人がいることも否定できません。

しかし、腰だけをキュッと先に回そうとする動きは、下半身の踏み込みやそれに伴う一連のダウンスイングを阻害しやすく、下半身が流れたり回りすぎるなどして振り遅れる原因になりやすい。正しい動きが身についている人にとっては「腰を切る」という表現でうまく行っても、そもそもの動きを理解していない人にとっては悪影響のほうが大きい可能性が高いのです。

大事なのは、切り返しを左への踏み込み（左足での地面への加圧）でスタートさせることと、上体のムダな力を抜くこと。これさえ正しくできれば、ダウンスイング

「体を回そう」「腰を切ろう」という意識では運動連鎖の順序が狂いやすく、スムーズなスイングを損ないやすい

は自然と下半身から先行してきて、腰の切れたインパクトになり、体の回ったスイングになるのです。

ダウンスイングを、左の踏み込みから始めよう

10 「ボディターン」をやめる

「ボディターン」という言葉も、日本のゴルフ界に広く浸透していますが、著しく誤解されている問題の多い言葉です。

この言葉は、もともとはデビッド・レッドベターの著名なレッスン書「ザ・アスレチック・スイング」が邦訳される際に、彼の提唱する胴体と腕が同調したスイングメソッドが「ボディターン理論」と表現されたことに由来する造語です。

当時、日本において主流だった「腕を振れ」「フェースを返せ」というレッスンに対して、レッドベターのメソッドは「体が主で腕は従」と考え、体の回転を重視しつつ腕はそれと同調して静かに動かすという耳慣れないものでした。これが日本で「ボディターン」として紹介され、そのメソッドが又聞き的に広められた結果、「スイングは腕を使わずに体の回転で行う」という極端なイメージが定着し、いわゆる「手打ち」の人に対して「ボディターンだ！」という指導が横行したのです。

たしかに体の回転量が不足して、手を上下左右に大きく振る動作でスイングしている「手打ち」のアマチュアは多く、そういう人に対しては「腕の動きを抑えてもっとしっかり回転しよう」と指導したくなるのはわかります。しかし「ボディターン」という言葉とそれに付随する不適切な指導によって、体だけ回そうとして振り遅れたり、正しいコッキングやフェースローテーションを損なっている人が多いのも事実です。

レッドベターが本来伝えたかった「体と腕の同調」を正しく理解せずに「ボディ

ターン」という言葉に引っ張られるのはやめましょう。スイングは、体だけ回転すればいいというものではないのです。

正しい「ボディターン」を目指すなら、体と腕の同調を理解しよう

11 拇指球体重をやめる

スイング中の前後の体重配分を説明する際によく使われるのが「拇指球体重」という表現です。拇指球とは、足の裏の親指の付け根にある膨らんだ部分のこと。つまり、スイング中、ここに体重をかけるべきだというのですが、ここには2つの間違いが含まれています。

1つは、そもそも拇指球に体重を集中させるような構えは不適切だという点です。拇指球体重を推奨する人の多くは、野球の守備やテニスなどのようにここに体重を乗せて構えれば、スムーズかつスピーディに動き出せると言います。しかしゴルフは野球やテニスのように自分から動いてボールを迎えに行く必要がなく、その場にとどまってスイングするスポーツですので、このたとえは不適切でしょう。

また、アマチュアにはかかと側に体重をかけすぎてお尻が落ちた構えになっている人が多いため、それを矯正するために、「もっと前に体重がかかるように」という意味を込めて「拇指球に」と指導するケースもあると思います。かかと側に体重がかかりすぎるのもよくありませんが、だからと言ってつま先側、拇指球にかかりすぎるのもよくないことに代わりはありません。

2つめは、スイング中、足の裏の特定の部分に体重を置いたままにすることが不適切だという点です。ゴルフスイングはその場での回転運動ですので、拇指球に体重を乗せたままでは、スムーズに回転することはできません。足の裏の加重は前後に動くのが自然です。

これらを踏まえて具体的に足の裏の加重を説明するならば、まずアドレスでは、拇指球とかかと、そして小指側の付け根のふくらみの3か所でバランスよく立つことが重要です。どこか1点で支えようとするのではなく、足の裏を面として広く使うのです。その結果として、この3点のバランスポイントの上に体の重心がくるのが自然と言えます。

そしてスイング中は、バックスイングでは右足のかかと側と左足のつま先側に、ダウンスイング以降は左足のかかと側と右足のつま先側に体重がかかるように、左右が互い違いに動くシーソーのように前後の加重がシフトするのが自然です。この動きによって、足の上に乗っている体はスムーズに回転するのです。

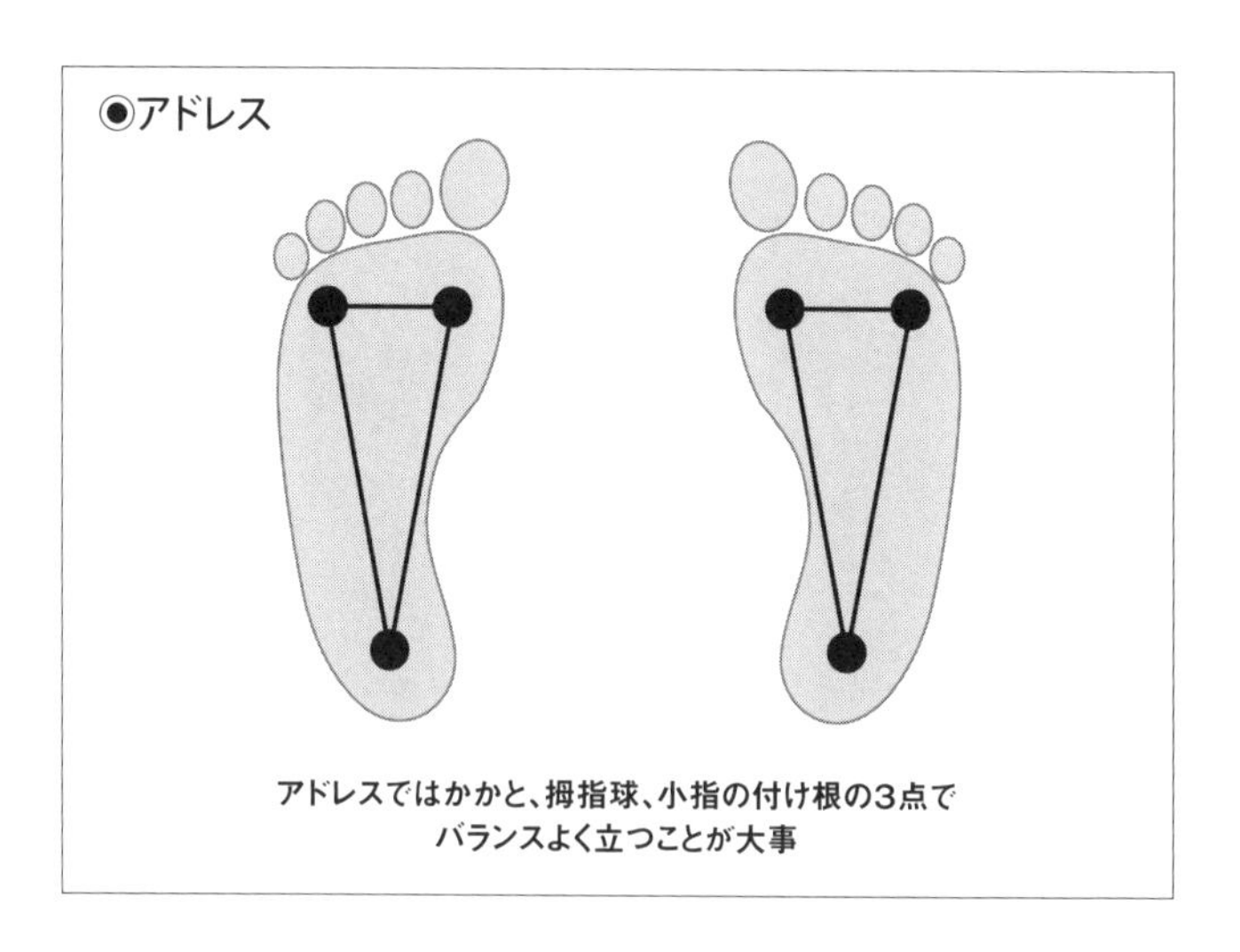

アドレスではかかと、拇指球、小指の付け根の3点で
バランスよく立つことが大事

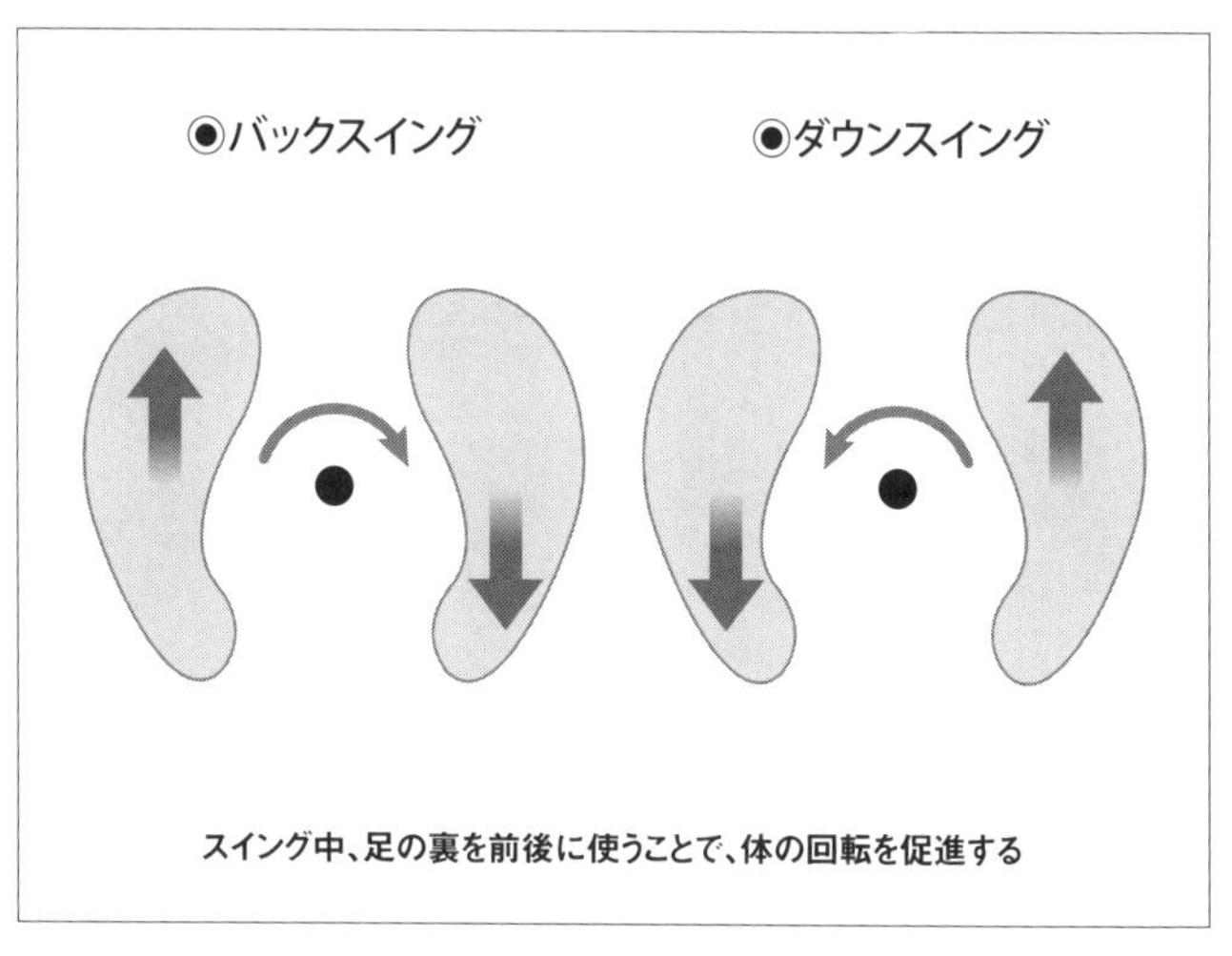

スイング中、足の裏を前後に使うことで、体の回転を促進する

12 「コンパクトトップ」をやめる

「オーバースイング」、つまりヘッドが大きく動きすぎているトップは、アマチュアのスイングの悪例の代表とされることの多い形です。そしてそれを直すために「トップをコンパクトにしなさい」と指導するレッスンも多く見られます。

たしかに過度のオーバースイングは手首やわきなどのゆるみや軸のブレ、さらには「飛ばしたい」という気持ちから来る力みなどの結果として表れることが多く、振り遅れやそれに伴うスライスなどの問題を抱える人に多く見られる症状です。

ですが、横峯さくら選手やバッバ・ワトソン、ジョン・デーリーなどのように、オーバースイングでも活躍しているプロはたくさんおり、それ自体がデスムーブというわけではないのです。オーバースイングでも、それをダウンスイングで正しくスイングプレーンに乗せてくることができるのであれば、許容されうる動きと言えます。

それよりも、トップの高さやヘッドのポジションだけを問題にして、それを直すために「トップをコンパクトにしよう」などと意識するほうが、より大きな問題を生む可能性すらあります。たとえば体の回転量まで抑えようとして、いわゆる「手打ち」を促進しやすいですし、タイミングが取れなくなってスイングのリズムを崩すリスクもあります。

オーバースイングで問題となるのは、体の運動量が少ないのを腕の動きで補い、体と腕のバランスが損なわれているケースです。その場合は、体の運動量を適切な状態に増やすことが肝心なのであって、そこが直れば自然とトップの位置もよくなるケースが多いですし、仮にトップが大きいままでも大きな問題にはなりません。大事なのはトップの形自体ではありません。そこを履き違えないようにしてください。

オーバースイングを無理に直す必要はない

13 レイドオフを目指すのをやめる

トップでシャフトが飛球線よりも右を指すのが「シャフトクロス」

スライスに悩むアマチュアの多くは「トップがシャフトクロスになっている」と指摘されたことがあるのではないでしょうか。

シャフトクロスとは、トップの形を後方から見たときに、シャフトが飛球線よりも右側を指す状態で、スライスの原因の1つとして嫌われる形です。そういう場合は、リッキー・ファウラーなどのスイングをお手本に「レイドオフのトップを目指してドローを打とう」などと指導されるケースが多いようです。

たしかにトップがシャフトクロスになるスイングは、スイング軌道がアウトサイドインになりやすいのでスライスやフェードを打ちやすい傾向があり、レイドオフはインサイドから下ろしやすいのでドローボールを打ちやすいという因果関係はあります。しかし、シャフトクロスが悪でレイドオフが善と考え、スライスだからシャフトクロスを直してレイドオフを目指すべきだという考えは間違っています。

両者の差は、腕と体の同調性や手首や前腕の使い方などの違いによって生じるもので、あくまでスイングの個性の現れにすぎません。よいシャフトクロスもあれば、悪いレイ

トップでシャフトが飛球線よりも左を指すのが「レイドオフ」

ドオフもある。たしかにスライスが直らないアマチュアにシャフトクロスの人は多いですが、トップの形だけを取り上げて善し悪しを語るのはナンセンスです。

たとえば、バックスイングで腕と体の動きの連動性が高い人はシャフトクロスになりやすいですが、これは悪い形ではありません。反対に、左わきが必要以上に開いたり右腕が回旋しながらバックスイングするなどして腕の運動量が過剰になって起こるシャフトクロスは、悪い動きです。レイドオフに関しても、手首の動きが小さいタイプのスイングや、切り返しのタイミングが早くコンパクトなトップになった結果のレイドオフは悪くありませんが、クラブをインサイドに上げすぎたり、左前腕を内旋させながら手元が浮くようなバックスイングによって起こるレイドオフは、デスムーブと言えます。前述の「コンパクトトップ」とも共通することですが、トップの形だけを論ずるのではなくその過程や内容も総合的に判断することが重要なのです。

トップはシャフトクロスでもレイドオフでも問題ない

14 「タメ」を作るのをやめる

自分のスイングをプロゴルファーのスイングと比較したときに、ダウンスイングでの「タメ」が足りないと感じているアマチュアは多いはずです。また「飛ばない」という悩みに対して「アーリーリリースだからもっとダウンスイングでタメを作れば飛ぶようになる」などという指摘を受けたことがある人も多いでしょう。

「タメ」とは、一般的には「ダウンスイングで腕とクラブによって作られる角度」を指し、この角度が深くなればなるほど、インパクトに対してクラブのリリースが強くスピーディに行われ、ヘッドスピードが上がる。そう考えている人は多いでしょうし、それ自体は間違いではありません。

しかし勘違いしてはいけないのは、このタメは、意識的にタメようとして作ることができるものではない、タメようとしてタメられるものではないということです。そのため、プロの連続写真などで見られるダウンスイングでの腕とクラブの角度を、自分で意識的に作ろうとするのは非常に危険です。意識的にタメようとする動きは、腕

切り返しでグリップエンドを体から遠ざけるように、力の向きをターゲットと逆向きに使ってシャフトをしならせるのがポイントだ

や上体の力みを生み、ダウンスイングでのクラブのリリースを妨げて、振り遅れたりヘッドが走らないスイングにつながり、スライスや飛距離減の原因にもなります。

　ではこのタメはどうやって作るのかというと、上半身と下半身の捻転差と同様、運動連鎖、つまり動きの順番が整うことによって自然に生じるものなのです。上体に余計な力が入っていないリラックスした状態で、下半身から順序よく切り返すことができれば、ダウンスイングは下から順番に動いていき、下半身、上体、腕、そして最後にクラブが下りてきます。この動きの時間差によってタメができるのです。

この感覚は、切り返しの直後にグリップエンドを自分の体から遠ざけるように使うのがひとつのコツです。タメがない人ほど、切り返しから手元をボール方向に引き下ろそうとしている傾向がありますが、この動きこそ、意識的にタメようとしたときに生じやすい動きなのです。

これは、自分の腕力に頼るのではなく、切り返しの反動と運動連鎖によってクラブにうまく負荷をかけてシャフトをしならせるように切り返し、そのしなりを維持しながら振り下ろすことによって成立します。ですので、この感覚をつかむには、シャフトがやわらかい練習器具や、重いロープなどを振るのが効果的です。機会があれば、ぜひ試してみてください。

クラブをしならせるように振れば、タメは自然と生じる

15 「三角形をキープ」するのをやめる

「バックスイングでは、両肩と手元でできる〝三角形〟をキープしたまま体を回そう」。そんなレッスンを聞いたことがありませんか？　これは、「手元を体の正面に保ったまま上げよう」というレッスンとほぼ同じで、いわゆる「手打ち」を直すためのアドバイスとして、広く流布しています。

しかし、プロゴルファーのスイングを見たときに、トップでは例外なく右ひじがたたまれる以上、本当に「三角形」をキープしたままトップまでバックスイングしている人はいませんし、手元が「体の正面に」キープされたままトップまでバックスイングが上がることもほぼありません。

一般的に「手打ち」と呼ばれるスイングは、スイング中に体の回転量に対して手元が大きく左右に動きすぎる傾向にあります。そういったスイングのトップは、得てして胸元の空間が左上腕で潰されており、クラブが本来の軌道から大きく外れていきます。「三角形を保て」「手元を体の正面に保て」という指導は、そういったバックスイングを防ぐために、胸の前の空間を潰さないようにするための方策と言えるでしょう。

このイメージは、スイングタイプによって大きく異なり、とくに垂直軸を強く意識してスイングしている人にとっては、これらの感覚は一切不要です。トップである程度胸の前の空間が潰れても、ダウンスイングでそれは戻ります。

反対に前後軸（体の正面から見たときのクラブヘッドの描く円と中心がほぼ同じ軸）での回転を意識する人は、バックスイングの始動などで少しこの感覚を持っても構いませんが、バックスイングの後半までそれを維持する必要はありません。

いずれの場合も、この言葉はプロゴルファーの感覚に基づくものであって、客観的事実としてそのようにバックスイングされているわけではないということを理解してください。

トップで手元は胸の前から外れるし、三角形も崩れるのが自然

16 「力を抜く」のをやめる

スイング中の力みは、アマチュアゴルファーのスイングを乱す非常に大きな要因であり、諸悪の根源といっても過言ではありません。そしてある程度の腕前以下の人にとっては、「ムダな力を抜く」ことほど難しいことはないかもしれません。

しかし、だからと言って、無闇に「力を抜け」というアドバイスを真に受けすぎないでほしいと私は思っています。なぜなら、単純に力を抜いてスイングしても、本来必要以上に動かしたくない部分がグラつく「ゆるみ」につながりやすいですし、なによりスイングの出力が低下してヘッドスピードが落ち、飛距離が出ません。もともと腕の力に頼り腕力をエンジンとしてスイングしていた人にその力を抜けと言っても、エンジンが欠落したただ骨抜きの動きになってしまうのです。

大事なのは、まず腕や上体以外に正しい「エンジン」を持つことです。それは下半身であり、コア（体幹）です。コアを締め、下半身を正しく使ってスイングできれば、腕や上体の余分な力は自然に抜くことができますし、必要であればテンションをかけてコントロールしながらスムーズに動かすこともできるようになります。

正しく力が抜けている状態とはどんな状態なのかというのは、非常に抽象的でわかりにくい部分でもありますが、まず大前提として、グリップや前腕に必要以上に力が入っていないことが挙げられます。クラブを持った状態で手首をある程度やわらかく動かすことができ、ヘッドの重みを感じながら、それを支えてフェースの向きをコントロールできる状態です。そして、足の裏に意識が行き届いていて、自分の重心がどこにあるのかを感じられること。へその下にある「丹田」や背骨などの体の内面に意識が行き届き、体の中心軸を感じることができること。

この感覚がわかるのは簡単ではないかもしれませんが、ただ「力を抜こう」と考えるよりも、ほかの部分に正しく意識を行き渡らせることで結果として余計な力が抜ける状態を目指すほうが、より安全で近道だと私は思います。

足の裏や体の内側に意識を置けば、ムダな力は抜けていく

17 アイアンを「ダウンブロー」で打つのをやめる

「アイアンはダウンブローに打て」これはゴルフの鉄則のように信じられている言葉です。しかし、「ダウンブロー」という言葉をしっかり定義し、それを理解できていなければ、この鉄則も毒になりかねません。

まず、もっとも多い誤解は、ダウンブローとは「ボールに向かって上から鋭角に打ち込むこと」だと考えられていることでしょう。「ダウンブロー」という言葉の意味だけ考えれば、それは間違いではないかもしれませんが、ゴルフスイングとして適切かと言えば、そうではありません。

アイアンはティアップせずに地面（芝）の上にあるボールを直接クリーンに打つ必要があるので、ヘッドを上から入れなければならない。これは概ね正しいイメージです。しかし、だからと言って、ヘッドを上からぶつけるように鋭角に入れていく必要はないのです。

ゴルフスイングにおけるダウンブローという動きを適切に理解するためには、スイングの円弧とその最下点を正しくイメージする必要があります。スイングを体の正面から見ると、ヘッドは概ね丸い円を描いて動きます。このとき、その円弧の最下点（ほぼ左肩の真下にくると考えてください）よりも手前側というのは、ヘッドは上から下に向かって動いており、最下点を過ぎた先側ではヘッドは下から上に向かって運動します。ダウンブローとは、このヘッドが下向きに動いているときにボールをとらえるインパクト、つまりヘッド軌道の最下点よりも手前側で打つことを指すのです。

ですから、スイング軌道が円だとすれば、その軌道をわざわざ鋭角に（円弧を小さく、もしくはいびつに）しなくても、ダウンブローは実現できるというわけです。

最下点よりも手前でインパクトするには、ボールの位置が相対的に右に来ればいいということになりますが、実際のスイングでは、切り返しでしっかり左を踏み込んで左足体重でインパクトしますし、スイングの最下点は左肩の下に来る場合が多いので、極端にボール位置を右にしなくても、自然とダウンブローのインパクトになるのです。

この原理を理解せずに、スイング軌道を鋭角にして意識的にダウンブローを作ろうとすると、ハンドファーストを強くしようとしてダウンスイングで手元が左に流れたり、軌道を左に傾けようとして上体が突っ込んだりして、スイングが乱れます。そういった弊害を避けるためにも、アイアンをわざわざダウンブローに打とうとする必要はないのです。

ちなみにドライバーはティアップして打つことができるので、この軌道の左側に寄せて高くティアップすることで、ややアッパーブローにとらえます。そのほうが低スピン・高打ち出しの球が打ちやすく、飛距離面でメリットがあるからです。だから「ドライバーはアッパーブローが飛ぶ」という場合も、スイング自体を極端にアッパーにする必要はなく、同じ原理の中で考えることが重要です。

ダウンブローとは、スイング軌道の最下点の手前で打つこと

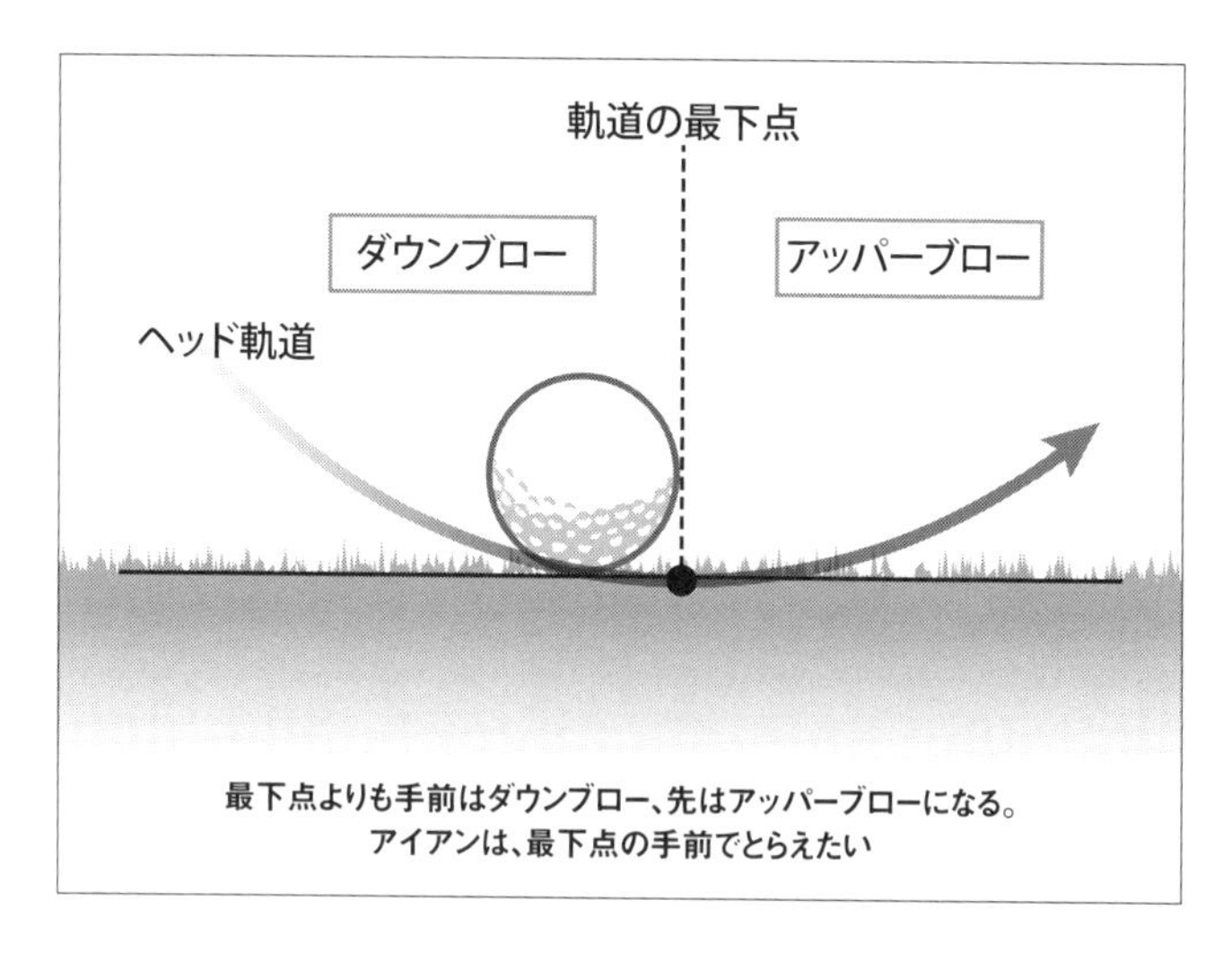

最下点よりも手前はダウンブロー、先はアッパーブローになる。
アイアンは、最下点の手前でとらえたい

わざわざ軌道を鋭角にしてダウンブローを作ろうとする必要はない

18

ボールを右に置くアプローチをやめる

アプローチの基本の形を、「ボールを右に置いてスタンス、フェースを開いて構える」ものだと考えている人は多いのではないでしょうか。テレビ中継などでプロゴルファーのアプローチを見るとそのように構えている人が多いこと、雑誌などで見聞きするツアープロの「アプローチのコツ」がそのような方法であることが多いことがその原因と思われます。

しかし、このような構えは、決してアプローチの「基本」ではありません。実はこれは、ボール

ボールを右に置き、フェースもスタンスも極端に開いて打つのは難しく、ザックリのミスの原因になりやすい

を低く打ち出してスピンをかけるような打ち方をする場合の、ちょっと特殊な構えと打ち方なのです。ボールをフェースに乗せてしっかりスピンをかけるためにフェースを開き、それに伴ってスタンスも少しオープンに構えて、ボールを右に置くことでロフトを立てて使いながらも、ヘッドをシャロー（ゆるやか）に入れてソールを滑らせながらボールをとらえています。これは結構な高等技術で、ボールにスピンをかけてブレーキをかけることで、固いグリーンでもボールを止めるための技術です。

スタンスは若干オープンでも極端には開かず、フェースもほぼスクエア、ハンドファーストも強くしすぎないのが基本

そもそもが、フェースにボールを乗せて運ぶ技術があり、ボールを右に置いてもヘッドが刺さらないような、ゆるやかな入射角とソール使いができる人でなければ、ダフったり刺さったりするミスが多発します。その

うえ、一般営業のコースのグリーンコンディションで、こういった打ち方が必要とされるような状況はあまりありません。

アプローチの基本は、あくまで「真っすぐ構えて真っすぐ振る」こと。目標方向を意識しやすくするためや、フォロー側に体が回転しやすいように若干オープンスタンスに構えたり、アップライトなウェッジで左に引っかけるミスを抑えるために少しフェースを開くことはしても、極端なオープンスタンスやオープンフェースは必要ありません。ボール位置もあまり右に置きすぎると入射角が鋭角になりやすいので、シャフトが地面と垂直か、わずかにハンドファーストになるくらいのポジションを基本と考えてください。

アプローチも、スクエアに構えるのが基本

19 アプローチを「クリーンに打つ」のをやめる

グリーン周りからのアプローチでダフってザックリのミスが出ると、精神的なショックが大きく、とてもガックリきます。だからといって、ダフらないように、ボールをクリーンに打とうとするのは、あまりおすすめできません。

ダフリを恐れるあまりボールをクリーンに打とうとすると、ダウンスイングからインパクトにかけてクラブをリリースできず、手元が先行したまま当たってしまうミスが増えます。また、クリーンに打とうとする動きはインパクトが「点」になりやすく、ミスに対する許容範囲が狭くなって、実際はミスを増やす原因にもなり得ます。何より、ダフリを恐れてトップが出たら、グリーン奥のバンカーや難しい傾斜に行ってしまうリスクが高く、場合によってはＯＢもあるなど、１打のミスにとどまらない大ケガにつながります。

ウェッジにはバウンスという、ソール下面の出っ張りがあります。このバウンスは、うまく使えればダフリを防いで、ソールを滑らせてくれるお助け効果があります。

アプローチでは、このバウンスが生きる打ち方をして、少し手前からダフらせるくらいの感覚で打つほうが、大きなミスにはなりにくいのです。

ポイントは、あまりハンドファーストにしすぎないこと。あまり上から打ち込まず、ゆるやかな入射角で、ボールの手前からソールを滑らせるようなイメージで「ゾーン」でボールをとらえることです。クラブヘッドをリーディングエッジからボールにぶつけようとせず、ソールが地面にどう接地するかをイメージしてください。そうすれば、多少ダフリ気味に入っても大きなミスにはならず、「そこそこの結果」に収まってくれますし、トップなどの大きなミスを防ぐことができます。アプローチは、アバウトでいいのです。

アプローチは手前からソールを滑らせるイメージ

ダフっても1打損しても大叩きにはなりにくいが、トップしたら奥のOBなどに行ってしまい大叩きするリスクがある

20 バンカーで「打ち込む」のをやめる

バンカーショットではヘッドを走らせて砂とボールを一緒に前に飛ばすことが大事だ

バンカーショットのレッスンには「スタンスとフェースを開いて、上からカットに打ち込む」と教えるものが多くあります。しかしこれは、バンカーの砂が硬い場合や目玉の場合など、普通に打ってもうまく出せないような場合に使うちょっと特殊な打ち方で、決してやさしい打ち方でも、うまく出せる方法でもありません。

バンカーショットで重要なのは、ヘッドを走らせてソールを滑らせ、砂とボールを一緒に前に飛ばすことです。しかし、フェースとスタンスを開いて上から打ち込むと、カット軌道になっているため、フェースにボールが乗らず距離が出ないので必要以上に大きく振る必要が出て精度が落ちる可能性があります。これはおそらく、正しい打ち方ができずうまく砂を飛ばせない人のために、とにかく砂ごとかき出すような方法として指導されたのがなぜか広まったではないかと私は考えています。もしくは、プロゴルファーにとっては、バンカーショットは通常のショットと比べればやや鋭角に打ち込むことが多いですし、スピンを効かせるためにフェースを開いたりカットめに振ったりします。雑誌などでそのイメージを語った内容が、

スタンスはあまり開かず、上から打ち込まず、ゆるやかな入射角でスイングしよう

「バンカーショットのコツ」として広がったという可能性もあります。

いずれにしても、このイメージにとらわれていると、バンカーから距離感を出すことはできません。

バンカーショットの基本を説明すると、まず構えはヘッドを走らせやすいようにボールを少し左寄りに置き、スタンスはスクエアに構えます。そしてバウンスを使うために少しフェースを開いて構えます。そして、ヘッドをシャロー（ゆるやか）に入れてソールを滑らせながら振り抜き、フェースが上を向くように、ヘッドを加速させて振り抜きます。このとき、必要以上に大振りする必要はなく、コンパクトかつシャープに、手打ちのイメージでスイングすればＯＫです。

なお、バンカーショットでは、ヘッドを走らせて振り抜きたいため、クラブを短く持たず、目一杯長く持って振ったほうがやさしいということを知っておいてください。

バンカーは打ち込まずにゆるやかな入射角で打つ

21 「ショルダーストローク」をやめる

パッティングは「ショルダーストローク」で行うのがよい、というのは、一般的に常識だと思われています。しかし私は、「ショルダーストローク」という言葉には問題があるのではないかと考えています。

本来の意味での「ショルダーストローク」とは、手先だけでパターを操作せず、腕と上体が一体に動くようにストロークするということを指しています。このとき、正面から見ると天秤のように両肩が交互に上下して動き、飛球線後方から見ると肩が縦方向に動きます。そのためパターヘッドの軌道が直線的になりやすく、ボールを「真っすぐ」打ち出すために有効な動きだと考えられています。

しかし、「ショルダーストローク」という言葉から連想されやすい動きは「肩自体を動かす」動作であるため、この理想的なパッティングストロークとは違ったものになりやすいのです。

というのも、肩の動きを強く意識してストロークしようとすると、首や肩周りにムダな力が入り、シャツの中にハンガーが入ったまま動いているかのように首も肩と一緒に動いてしまい、軸がブレたりストロークが歪んでしまいます。とくに、ショルダーストロークを身につけるために両わきにクラブや棒などを挟んでそれを縦に動かすストロークドリルは、肩に力が入ったり腕が必要以上に前に出て腕と胴体の一体性を失いやすいので、おすすめできません。

本来の正しいストロークは、肩と首の動きが分離され、肩というよりは胸郭全体がスムーズに動くストロークです。スムーズに動く胸郭に腕が同調して動けば、自然とパターヘッドも真っすぐ動き、ボールを真っすぐ打ち出すことができます。

もし、わきの締まりや腕と胴体の一体感を身につけるドリルを行うなら、クラブや棒ではなくタオルなどをわきに挟んで行うほうがいいでしょう。

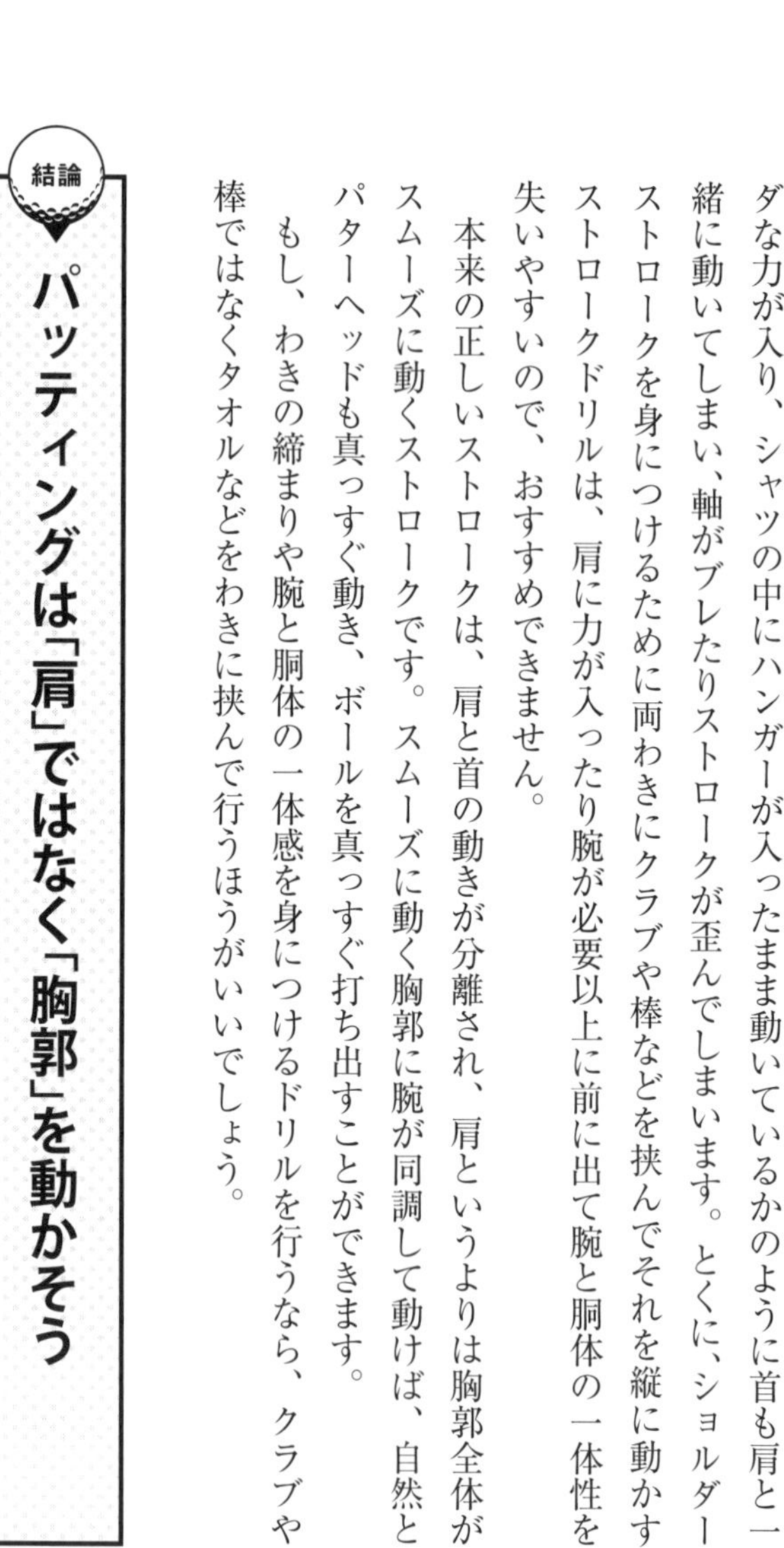

結論

パッティングは「肩」ではなく「胸郭」を動かそう

わきにクラブなどを挟んで「ショルダーストローク」しようとすると、スムーズな動きを損ないやすい

22 パターに合わせて構えるのをやめる

パターというのはヘッド形状が非常に多様なだけでなく、長さやネックの形、最近ではグリップなどもバリエーションに富んでいます。そして、「トッププロが使って勝った」などという理由で流行が激しく入れ替わるうえ、気軽にチェンジできる道具でもあります。事実、トッププロや上級者のなかには、これといったエースパターを決めずに日替わりでパターを使い分けたり、新しいものをどんどん試す人も少なくありません。

しかし、普通のアマチュアが、その「流行り」に流されて無闇に新しいものを使うことはあまりおすすめできません。

というのも、パッティングは構えが非常に大事で、パッティングの成否はほぼ構えで決まると言っても過言ではないほど重要です。パッティングは通常のショットのようにボールの回転によって弾道が曲がることがないので、打ち出した瞬間に方向性が決定されます。そのため狙ったところに誤差なく正確に打ち出さなければならないのですが、ショットと比べて体の動きもストロークの幅も小さく、ストローク中にズレを修正する余裕がないため、スタート地点である構えのズレが、致命的な問題になりやすいのです。

しかし、流行っているという理由や思いつきで新しいパターを買って使う場合、長さやライ角、ネック形状などが自分に合っているとは限らず、本来の構えを崩しやすいのです。トッププロは、新しいパターを試す際も、必ず長さやライ角などを調整して自分に合った状態で使いますので、アマチュアが量販店で「吊るし」のパターを買ってそのまま使うのとはわけが違います。もちろん、それらを理解したうえで、構えが崩れないようにニューパターを試すのは悪いことではないので、誤解しないでください。

パッティングは構えが大事という意味では、自分に合っていないパターに合わせて構えるのはとてもリスキーです。アマチュアにはパターの長さが合わずに腕が余ったりボール位置がズレている人が多く見られます。反対に、自分の姿勢だけしか考えずに構えているせいで、パターのライ角などが無視されているケースもあります。どちらの場合もボールを芯でスクエアにヒットするのは困難ですので、ボールを狙ったところに真っすぐ打ち出せず、素直に転がりません。その結果、強いハンドダウンでアップライトになっているのをフェースを開いて相殺したり、フェースがかぶって構えているのを右を向いて構えるクセで相殺するなど、いつの間にかアドレスの向きやボール位置をズラすことでマイナスにマイナスを掛け、悪いところ同士をごまかし合うパッティングになっていくのです。

パッティングの構えは、姿勢だけを優先しても、道具だけを優先しても正しいポジションは作れませんが、ある程度守るべき体の形というものは存在します。たとえばアドレスを目標側から見たときに、ボールは概ね目の下にあり、ひじからパターヘッドまでが一直線になるように構えたい。そしてそれを大きく崩さない範囲内で、パターの長さやライ角などが自分に合ったものを選ぶことが大事です。

自分の構えに合ったパターを使おう

▲腕が肩の中心から真っすぐに垂れているポジションでグリップしたい

►ボールはほぼ目の真下、ひじからパターヘッドまでが一直線になるのが理想の構え。この状態で長さやライ角がフィットするパターを選ぼう

構えが悪いと正しいストロークはできないし、パターの機能も引き出せない

23

体がキツい打ち方をやめる

ここまでスイングについていろいろなことを説明してきましたが、いちばん大事なことは、体にムリのあるスイングはするべきではないということです。

深く捻転されているトップも、どこかを止めたりねじったりするのではなく、スムーズな動きのなかで生じた形であれば体への負担も少ない

ゴルフは長時間にわたって何十回ものスイングを行うスポーツですし、何より生涯スポーツとして年を取ってもできる、長く続けたいスポーツです。ですので、体に必要以上の負荷をかけてケガにつながるようなスイングは、仮に多少飛距離が出るとしても絶対におすすめできませんし、実際は効率がよくない場合がほとんどです。

トップの形などを静止した状態で作

ろうとするとかなりキツい体勢なのは事実ですが、実際は勢いのついた一連の流れのなかでできる形ですので、それほど大きな負荷はかかりません。ですが「バックスイングは深くねじる」とか「下半身を止めて深く捻転する」などという言葉に引っ張られて、ギリギリとねじり上げるようなトップを作るのはよくありません。同様に、どこかを無理矢理止めるとかブロックするような動きも、体に必要以上の負荷をかける可能性が高いので注意が必要です。

大事なのは、不自然な引っかかりがなくスムーズに振り抜けること。たくさんスイングしても腰やひじ、首などに痛みが出ないことです。練習していてどこかが痛くなるスイングは必ず何かムリがありますので、見直すことをおすすめします。

体に負担をかけずに長くゴルフを楽しめるスイングを目指そう

COLUMN

半年習って変化がなければ勇気を持って「損切り」しよう

レッスンを受ける際、指導内容やコーチが「自分に合わない」と感じたら、執着せずに諦める勇気も必要です。

判断のひとつの目安は、半年後に「質の向上」が見られたかどうか。練習の結果として、コーチの言っていることができるようになったか、体やクラブの動きがレベルアップしているかで判断してください。そういったスイングやプレーの「質」の向上が見られた後、それがスコアとして現れるまでには、上級者の場合はさらに半年くらいのタイムラグがある場合もありますが、「質」の変化は、半年で見えてこなければ、指導方法や指導内容が自分に合っていないと判断してもいいでしょう。

結果が出ていないのに「コーチがいい人だから」「辞めると言いにくいから」という理由でダラダラと通い続けるのは、明らかに時間とコストのムダです。株価が下がり続けるのがわかっている銘柄を、売り抜けられずに持ち続けているようなもので、どこかで「損切り」をしなければ損害はどんどん拡大していきます。

本来、時間とコストの節約のために受けているレッスンは、「投資」であっても「投機」ではいけません。ビジネスライクにドライな判断をする勇気を忘れないでください。

Golf will be better with
"discarding techniques"!
Hints for improving "as soon as possible" by world standards

第2章

練習場には タブーがいっぱい

1 ドライバーばかり打つのをやめる

練習とは、スキルアップし、上達するために行うものです。しかし、日本のアマチュアゴルファーの練習姿勢を見ると、果たしてそれが本当に上達のためのものなのかと疑問を抱かざるを得ない場面が数多くあります。

実際のところ、練習場で「練習」しているアマチュアのほとんどは、練習というよりもストレス発散の「打ちっぱなし」を目的にしているとしか思えません。ドライバーを思いっきり振り回し、ボールをぶっ叩くことで日々のストレスを発散したいならそれはそれでOKですし、否定するつもりもありませんが、上達したい、スコアアップしたいと考えているのであれば、そういった「打ちっぱなし」は残念ながら悪影響しかありません。

まず、練習のうちでドライバーを使う比率を下げてください。アマチュアゴルファーの多くは、練習球数の過半数をドライバーに費やしますが、クラブが長くてエネルギーが大きく、高くティアップして打つドライバーは、スイング作りに適したクラブとは言えません。

もちろん、ドライバーの苦手を克服するためとか、新しいドライバーに慣れるためといった明確な目的があれば構いませんが、なんとなくドライバーを中心に練習するのはやめましょう。とくに、ドライバーを振り回して「飛ばそう」としたり、「気持ちいい」結果を求めて練習しても、決して上達にはつながりません。

スイング作りという点では、「飛びすぎない」クラブを使うのがおすすめです。かといって、短くてアップライトなショートアイアンやウェッジでスイング作りをするとドライバーのスイングに悪影響が出る場合もありますので、やはり14本の真ん中へんに位置する6～7番アイアンくらいがちょうどいいでしょう。

コースでプレーすることを考えれば、14本のクラブを万遍なく練習するのがベストですが、

ドライバーを振り回してバランスを崩すほど振り回し「飛ばそう」とする行為は「練習」とは呼べず、スイング作りにも悪影響しかない

実際は時間や球数の制限もありますので、日常的に全部のクラブをしっかりと練習するのは難しいと思います。ですので普段は、たとえばドライバーと7番アイアンとピッチングウェッジというように、長いクラブ、中くらいのクラブ、短いクラブの3本くらいを中心に練習するのがバランスがいいかもしれません。

スイング作りはミドルアイアンでやろう

2 球数をたくさん打つのをやめる

練習場でのよくない行動のひとつが、やたらと球数をたくさん打って満足してしまうことです。

ゴルフには古くから「シングルになりたかったらダンプ1杯ぶんの球を打て」などという格言（？）もありますが、ただ球数を打つことを目的にしてもたいへん非効率的で、あまり上達には寄与しません。とくに自動ティアップの打ち放題の練習場で、次々と出てくる球を打ち続けていたのでは、本来練習場で身につけたい技術はほとんど身につきません。

あえて言うなら、ゴルフを初めた最初のころ、ボールにクラブが当たるようになるまではある程度まとまった球数を打って「慣れる」ことが必要でしょうし、スイング改造などで新しい感覚を体に覚え込ませるためにはたくさんスイングするのも効果があります。しかしそれとて、球を打たずに体の動きに集中できる素振りのほうがコストパフォーマンスははるかに高いと言えます。

ダラダラとたくさんの球数を打つよりも、限られた球数をていねいに打つほうが練習効果は高い

大事なのは、1球1球ていねいに、意図と目的を持ってボールを打つことです。ターゲットを決め、弾道を明確にイメージしながら素振りやプレショットルーティンを行っててていねいに構え、動きの細部を意識しながらスイングする。そして自分の意図することがちゃんとできたかどうか、その結果はどうだったかというフィードバックをきちんと検討する。こういうていねいな1ショットには時間もエネルギーもかかるので、ポンポンと連続で打つことなどできませんし、何百球も打ち続けるのにはものすごい気力と体力が必要なので、たやすいことではありません。

もちろん、練習に充てられる時間とお金が余るほどあるというのであれば、たくさん練習するほうが上達は速いでしょう。しかし、その場合であっても、右記のような集中力を持った1ショットの積み重ねとしての練習量にこそ意味があるのであって、やたらと球数を打つのは時間とお金のムダとすら言えます。

結論

練習場でも1球1球集中してていねいに打とう

3 ナイスショットするのをやめる

前述の「ドライバーばかり振り回すこと」「球数を無闇に打つこと」に加え、練習場での3大タブーの1つと言えるのが「ナイスショットしようとすること」です。

アマチュアゴルファーの練習を見ていると、1発1発の球の行方に一喜一憂し、狙ったところにボールが行くことや、「奥のネットに届く」などのナイスショットを出すことを目的に練習している人がほとんどであることに気づきます。しかしこれは、練習の本質を見誤った、上達の妨げとなる行為と言っても過言ではありません。

練習場での球打ちは、コースでのショットとは異なり、結果がよければいいというものではなく、課程にこそ意味があります。体やクラブの動きを意識しながら、それが正しくできたかどうかをチェックし、その再現性を高めることが練習です。たとえば、バランスを崩すほど振りちぎったドライバーショットが、たまたまナイスショットして250Y先のネットに届いたとしても、練習としての意味を成していないということはわかるでしょう。

練習場での「GOOD」の基準は、いい球が出たかどうかではなく、自分の意図したことができたかどうかです。たとえば、インサイドアウトのスイング軌道を意識しながら練習するのであれば、たとえOB級のプッシュアウトであってもインサイドからボールをとらえられていれば「GOOD」で、ほんの少しでもカットに入ったらナイスフェードが出たとしても「BAD」です。

大事なのは、練習の意図とそのフィードバックです。目的が明確になれば、何が「GOOD」で何が「BAD」なのかがハッキリします。その「GOOD」の内容はできるだけ細分化することが大事で、「ナイスショット」はあまりにも漠然としすぎているのです。自分の意図している動きの結果として、打ち出し方向であったり、入射角であったり、打点であったり、フェース向きであったり、ヘッド軌道であったり……そういうできるだけ細かな部分に判断基準を置いて練習することが上達の早道なのです。

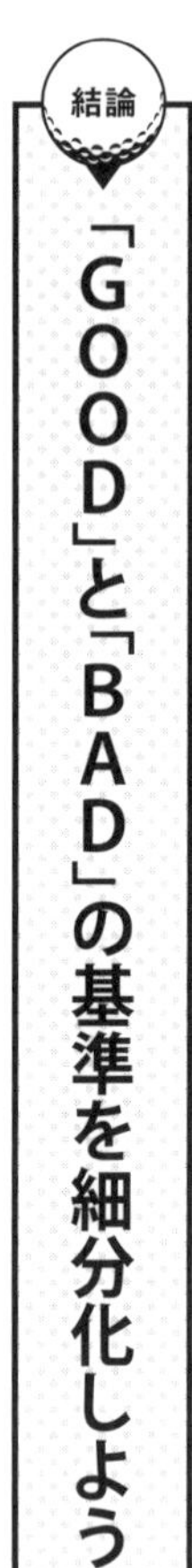

4 行きつけの練習場に通うのをやめる

「ナイスショット」を求めず、ボールの行方を気にするなと言っても、実際はなかなか難しく、どうしてもいい球を打ちたくなってしまうのが人間の自然な心理です。

そんなときに有効なのが、あえて狭い練習場で練習することです。２００Ｙ以上あるような広い練習場では、どうしてもボールの行方を追ってしまいますし、体の動きよりも弾道が気になってしまいますが、狭い室内の打席や奥のネットまで１００Ｙ未満しかないような狭い練習場であれば、弾道は見たくても見ることができません。こういった、練習場の特性を利用するのです。

スイングを作る練習は狭くてボールの行方が見えない練習場を使い、球の曲がりなどの弾道の確認や、ターゲットに対して構える練習をするときは広い練習場を使う。さらに言えば、同じように広い練習場でも、新しいクラブを試すときや実際の弾道を意識するような練習にはボールの値段が高いけれどもいいボールを使っている練習場を使うほうがいいし、とくに弾道に精度を求めないときはボール代が安いダンゴ

広い練習場は弾道がよく見え、風の影響を見ながら練習して経験値を積むこともできるが、スイング作りには向かない

ボールの練習場でも問題ありません。また、打ち上げや打ち下ろしなどの傾斜や、ターゲットとなるグリーンや看板の配置などによっても、練習の方法に影響が出ます。効率よく練習するためには、こういった要因を考慮する、つまり練習場所を行きつけの練習場1カ所に絞るのをやめて、目的によって使い分けるといいのです。

スイング改造の効果というのは、そんなにすぐに結果につながるものではありません。多くの場合、いい動きが身についた後になってやっと打球に変化が現れてくるもの。広い練習場では、それが頭でわかっていても、なかなかよくならない弾道にストレスがたまったり、結果を求めた小手先の動きに頼りやすくなってしまうのです。そういう問題を避けてスイング改造に集中するためにも、広くてきれいな練習場のほかに、狭い「特訓部屋」を1軒、馴染みにしておくといいのではないでしょうか。

練習場を特性によって使い分けよう

5 新しい打ち方を試すのをやめる

「新しい打ち方」を試すのをやめてください。

もちろん、上達のためには新たなことに取り組む必要がある場合もあります。しかし、年中新しいことを取り入れようとばかりするのは、メリット以上にデメリットが大きいということを知ってください。アマチュアゴルファーは、いつも何かを試し、何かを変えようとしすぎているのです。

「変える」ということは、いい方向に向かう場合もあれば、悪い方向に転がる可能性もつねに秘めています。とくにゴルフスイングのように一連のスピーディな動きで構成される運動は、「1つを変えると3つズレる」ものです。その「ズレ」の多くはマイナスの要因であったり、そうでなくてもいままでとは異なる感覚を伴います。

それなのに、当初変えようと思っていた1つめのポイントさえ定着する前に、ズレたほかのポイントを戻そうとしたり、さらに変えようとしたら、変えた効果や意味がわからなくなるだけでなく、すべてが雪崩式にズレていってスイングは崩壊します。

わかりやすい例を挙げるなら、フェースが開いてスライスが出る問題点を修正するためにバックスイングをシャットフェースで上げるように変えたとします。すると、フェースと連動してスイング軌道も変わりますし、それによって体が感じるテンションなどにも変化が生じ、出るミスも変わります。いままでオープンフェースをカット軌道で相殺していた人なら、そのままの軌道でフェースがシャットになれば左へのミスしか出なくなります。しばらくはそれを覚悟して、フェースの感覚が身につくまで練習すべきところを、「左に行くのがイヤだから」とほかのところも同時に変えようとしたら、軌道を無理矢理インサイドアウトにして動きが狂ったり、シャットに上げたクラブを開きながら当てるクセが出たりと、いままでなかった新しい問題が生じま

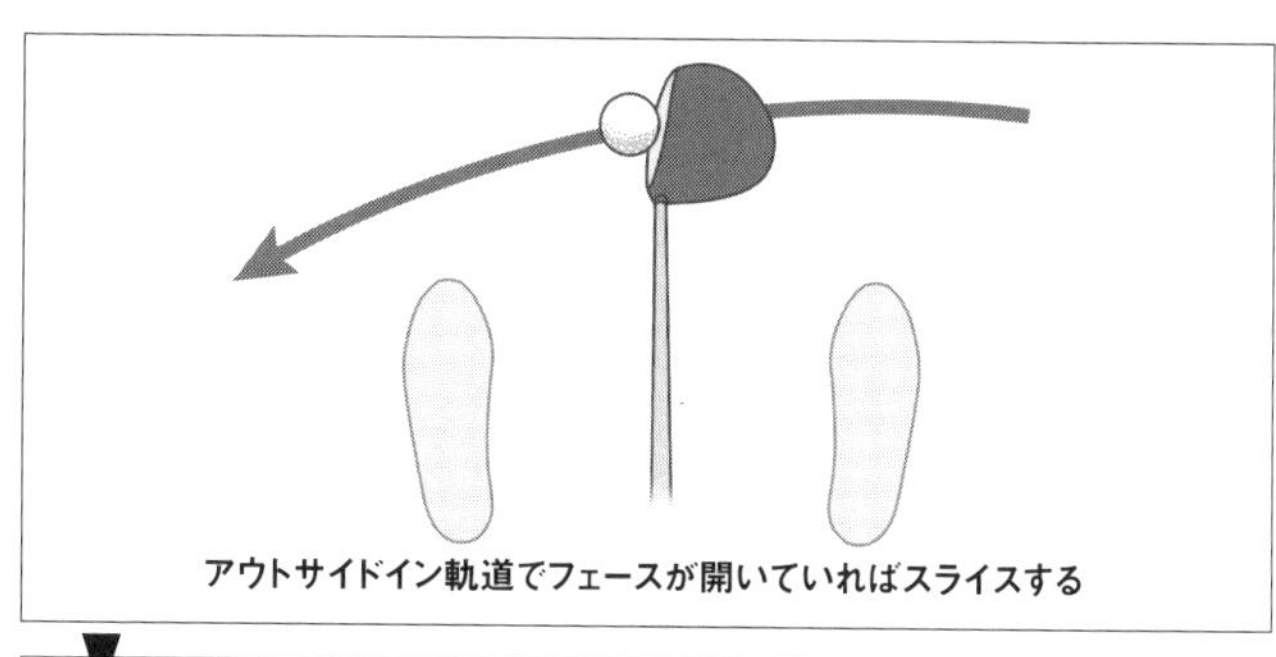
アウトサイドイン軌道でフェースが開いていればスライスする

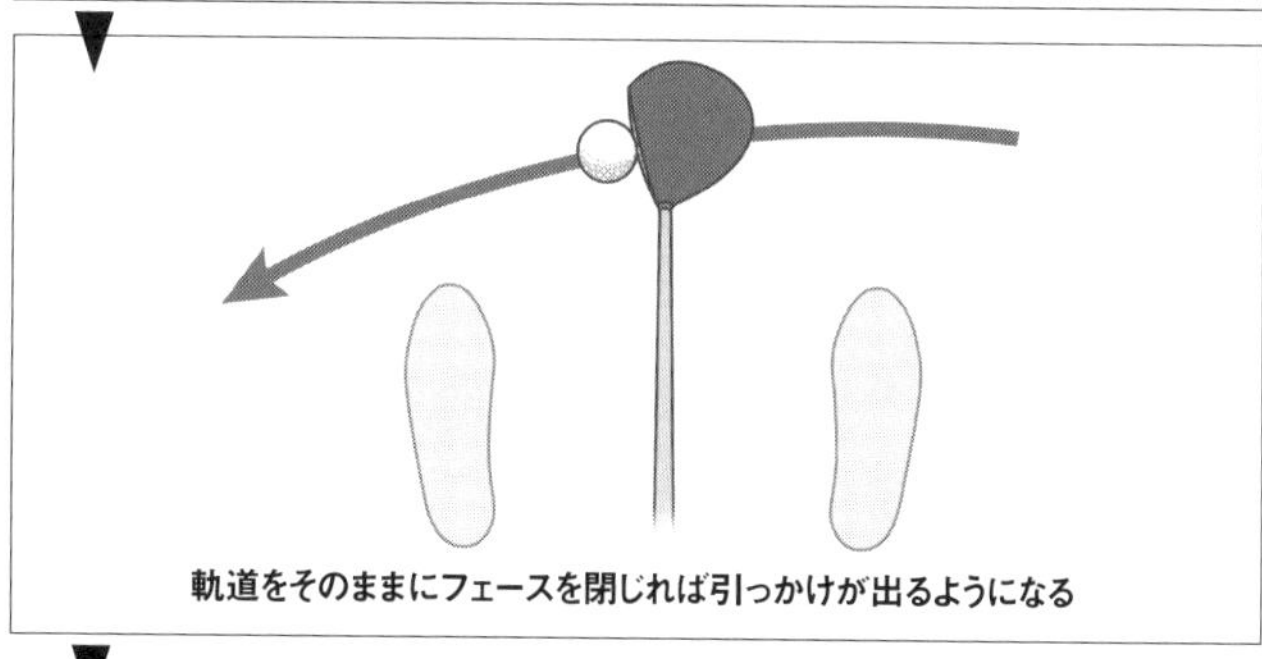
軌道をそのままにフェースを閉じれば引っかけが出るようになる

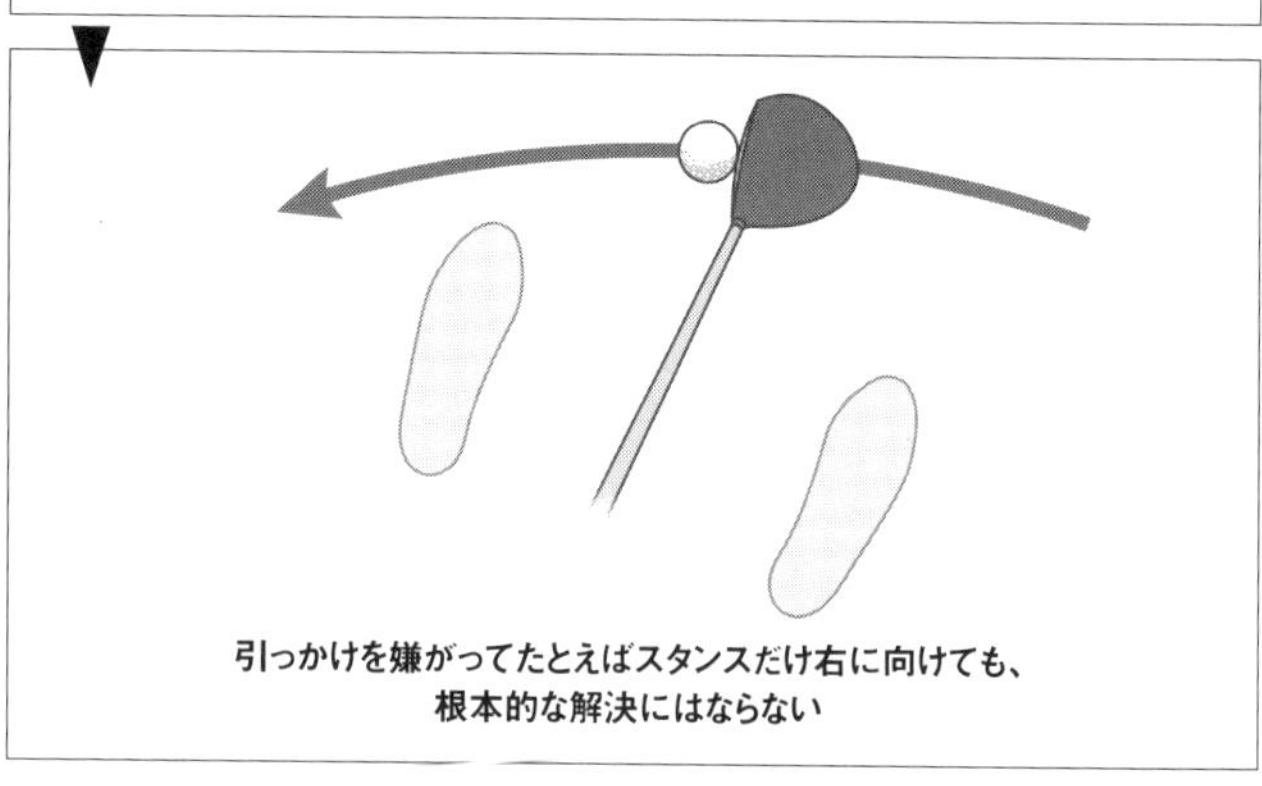
引っかけを嫌がってたとえばスタンスだけ右に向けても、
根本的な解決にはならない

す。そうなっては、本来の目的だった「オープンフェースを直す」というポイント自体がボヤけてしまいますし、仮にオープンフェースが直ったとしてもスイング全体が悪い方向へ向かって行くのは間違いありません。

スイングを変えるというのは、外科手術のような荒療治です。体にメスを入れて、翌日から手術前よりもいい状態になるなんてことはなく、しばらく入院しながら傷の回復を待ってはじめて病巣を取った効果がわかるものです。それを、「ちょっと試してみる」というのは、「とりあえずメスを入れてみる」というのと同じくらいリスキーなことだということを理解してください。

何かを変える、そのために何かを試すということにもっと慎重になってください。そしてときには「変えない」という勇気を持つことも必要だということを、頭の片隅に置いておいてください。

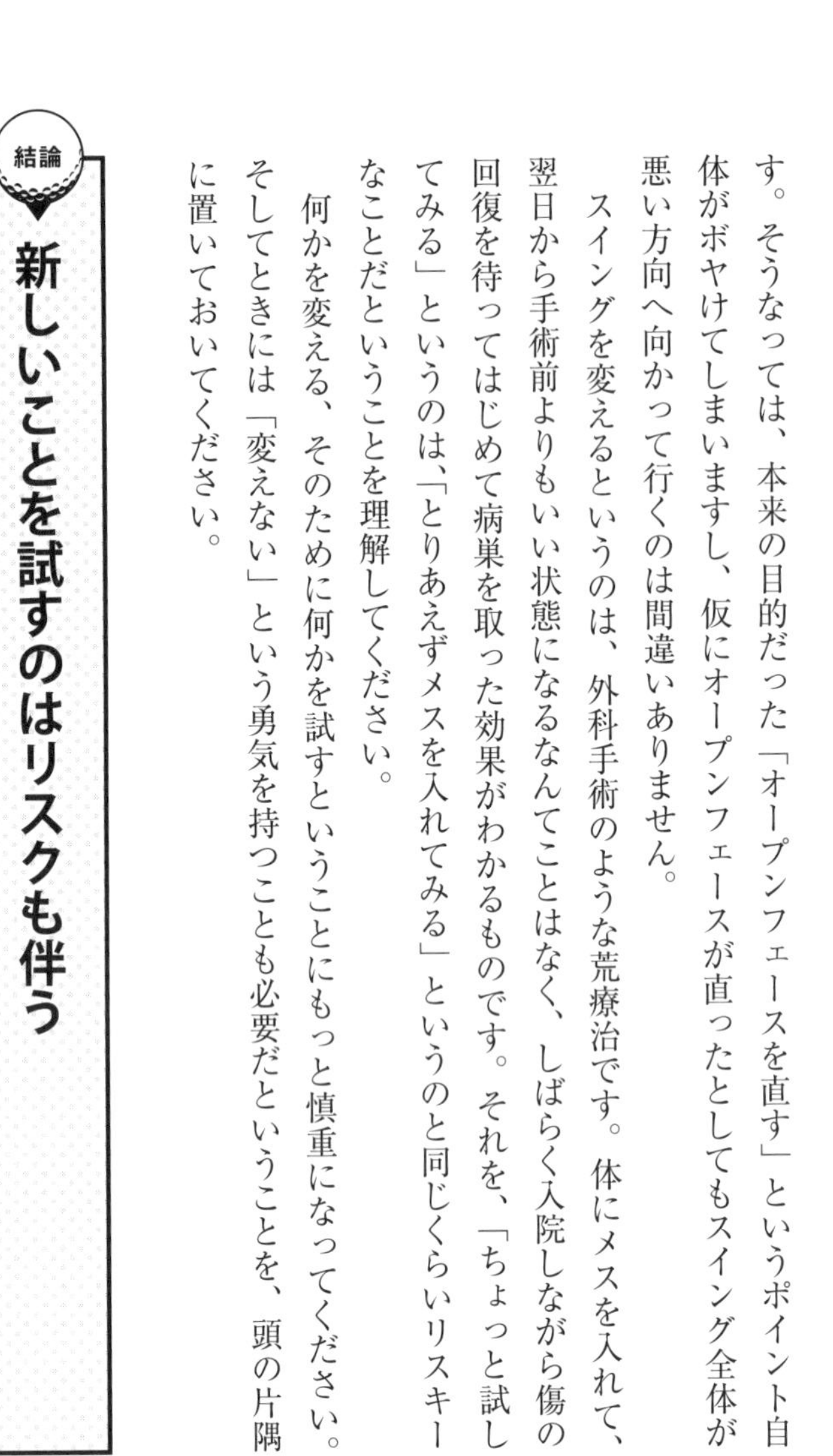

結論

新しいことを試すのはリスクも伴う

6 「自己流」をやめる

スイング改造を「手術」に例えましたが、実際スイングを直すという行為は、上達のための工夫というよりも、問題点の治療という意味合いが強いものです。自己流でスイング改造をするなんて、医師免許も薬剤師の資格もない人が、医学書を見ながら自分で自分を治療するようなものだと思ってください。

ましてほとんどのアマチュアゴルファーは、自分を客観的に見て正確に診断することができていません。その状態から自分の思い込みや聞きかじりの知識で治療を始めて、うまく行く可能性は尚更低いのです。

仮にいま抱えている問題点が明らかだったとしても、その問題に対してどんな治療を施し、何を処方すべきかという対処法のバリエーションは非常に多岐にわたります。「スライスが出る」などという現象は「熱がある」というのと同じくらいアバウトなものですから、それが単なる風邪なのか、何か深刻な感染症なのか、もしくは内臓に問題を抱えているのかといった病巣を見極める必要がありますし、それをどんな方法で治療するのかの判断も非常に難しいことです。これを専門家の判断を仰がずに自分で治そうとするのが、どれほど危険なことかということがわかるでしょうか。

また、スイング理論にもさまざまな種類が存在し、それぞれのメソッドが合うか合わないかは、本当に人それぞれです。理論としてどんなに正しくても、それが自分に合うとは限らないという点も、ゴルフを教える難しさのひとつなのです。もしかすると、教えること自体よりも相性の見極めのほうが難しいかもしれません。

ゴルフスイングとはこれほど複雑なものですから、自己流で何かを変えようとしても、総合的に見れば悪い方向に向かってしまうケースがほとんどなのが実情です。これはアマチュアに限らずプロゴルファーにも言えることで、だからこそトッププレーヤーですら、「第三者の目」であるコーチをつけるのです。

自分のスイングを変えたいと思うのであれば、プロゴルファーの力を借りてください。「教えるプロフェッショナル」たちは、プレーヤーの問題点を見極め、その病巣に的確に処方する術を持った専門家ですから、自分で解決しようとする何百倍も効率のいい方法を教えてくれるはずです。

「レッスンにはお金がかかる」という理由で敬遠される方も多いですが、効率と成功率を考えれば、自分１人で解決しようとするよりも、はるかにコストパフォーマンスはいいはずです。長期間何十回も練習場に通ってそれでも改善しない可能性を考えれば、多少のレッスンフィを払っても、短期間で確実に結果が出るほうが経済的だと思いませんか？

他人に教わることに抵抗があるのであれば、「教わる」のではなく「相談に行く」感覚でいいと思います。実際、習い事感覚で「先生」に「教わる」よりも、自分の問題点や向かうべき方向を専門家と相談しながら取り組むほうが効果上がりますし、その過程すべてが自分の血肉になります。

大事なのは、自己流の「俺理論」を盲信しないことです。

スイングの修正や改造は、専門家の力を借りよう

7 先輩に教わるのをやめる

ゴルフとのファーストコンタクトが、職場の先輩や上司、または旦那さんなどに練習場に連れて行かれたこと、という人は多いのではないでしょうか。大人になってゴルフを始める人は、そういったコミュニティのなかで誘われて始める場合がほとんどなので、それは当然かもしれません。

しかし、ゴルフの上達を目指すうえで、いつまでもそういったアマチュアに教わって練習をするのは、ぜひとも避けたいことです。なぜなら、前述のように人にゴルフを教えるというのは、とても難しいことだからです。プロの指導者ですら簡単でないことを、一介のアマチュアがやすやすとできるわけがありません。素人に教わるのは、自己流でやるのと同様の危険があります。

これは、相手がシングルハンディの上級者であっても同じ。厳しいことを言ってしまえば、ハンディキャップが6とか7程度のシングルプレーヤーでも、ゴルフの理論を正しく理解し、それを他人に教えられるほど一般化できている人は、ほぼ皆無だからです。実際のところ、スクラッチ（ハンディキャップ0）級のプレーヤーでもそれは同じでしょう。どんなに「上手い人」でも、その人がきちんと他人を指導できるというわけではないのです。

プロ野球などでも「名選手が必ずしも名監督ではない」と言われるように、いろいろ工夫して上手くなった人というのは、自分のことはわかっていて、自分の中に経験や感覚の蓄積はあるかもしれませんが、それを一般化したり相対化できているとは限りません。その意味では、ツアーで優勝経験があるようなトッププレーヤーでさえ、指導者の素養があるとは一概に言えないのです。むしろ、一流選手の繊細な感覚や経験値などは、一般的なアマチュアには理解不能だったり真似できない可能性も多々ありますし、「自分の場合はこうだった」という経験が当てはまらない相手にとっては、害にしかならない場合さえあります。

わかりやすい例を挙げれば、普段からゆるやかな入射角でボールをとらえている選手に「バンカーはどう打てば出るか？」と聞いたとします。その選手にとっては普段よりもヘッドを鋭角に入れる感覚なので「上から打ち込むといいよ」と答えたとしても、教わる人が普段からヘッドが鋭角に入るスライサーだったら、アドバイスに従ってさらに上から打ち込む感覚でバンカーショットしたらヘッドが砂に潜ってしまってうまく脱出できなくなる恐れがあります。

グリップやアドレスなどの基礎的な部分は、スイングの土台となる部分ですので、素人に教わるのはとくに危険です。もしその人自身がある程度正しくグリップし構えられていたとしても、他人にそれを再現させるのは難しいことです。そもそも、自分のグリップや構え方が誰にでも合うとは限らないなかで、「その人にとっての適正」を見つけ、ときには自分の形と違った方法を教えることなど、素人には到底不可能です。

こういったリスクを避けるためにも、自分と同じような腕前の人はもちろん、上級者であってもアマチュアに教わることや、素人同士で教え合うことは極力避けるべきなのです。もし、人間関係上アドバイスを断れない状況なら、その場だけ聞いているフリをして繕って、すぐにサッパリ忘れてしまってください。

アマチュアのアドバイスは聞き流そう

8 成果のないレッスンをやめる

ここまで散々「プロに教わろう」と言ってきておいて、いまさらこんなことを言うと困惑されるかもしれませんが、プロに指導を受けることにも、一定のリスクは伴います。

先述したように、ゴルフの理論にはさまざまなものがあり、それぞれの理論は誰にでも当てはまるものではなく、人によって合う、合わないの相性があるのです。そして指導者にもそれぞれ自分の理論のバックボーンがあり、ほとんどの場合、そのバックボーンから大きく逸脱した指導はできないものですし、できたとしても得意ではないということになります。

ですから、「プロが言っているから必ず正しい」とは限らず、上達の妨げになる可能性もないとは言えないのです。正確に言えば（ちゃんとしたコーチであれば）、理論や指導内容が間違っているわけではなく、正しいことを言っているわけですが、それが自分に合うとは限らないという疑いの目を持つべきなのです。

合わないレッスンをいつまでも受け続けることは、時間とお金と労力のムダです。指導する側も指導を受ける側も、お互いにとって不幸です。

では、そのようなリスクを回避するためにはどうすればいいのかと言えば、「セカンドオピニオン」を取ることです。ひとりのプロの言うことを盲信するのではなく、ほかの人はどんなことを言うのか、別の情報を取り入れて判断するのです。もちろん、第2の意見だけでなく、「サードオピニオン」「フォースオピニオン」と選択肢を増やすぶんにはOKです。

いまは、どこのゴルフスクールでも「体験レッスン」を行っていて、初回のレッスンを無料とか割引料金で受けることができます。それを最大限活用してください。「体験に行ったらそのまま入校しないと悪い」などという遠慮は無用です。そして自分にいちばん合っているコーチを見つけてください。

では、自分に合っているコーチを見つけるにはどうすればいいか。それは、直接コミュニケーションを取ってみるしかありません。

まず聞いてほしいのは、そのコーチの知識的なバックボーンです。どこでゴルフを覚え、どんな理論を学んできたのか。やはり、ゴルフを指導するには理論的な裏付けや知識が不可欠です。その背景がハッキリしない人はあまりおすすめできません。もちろん、有名コーチやアカデミーの出身ならOKというわけではありませんが、一流の指導者を多数輩出しているようなところで理論を学んだ人のほうが「当たり」の確率は高いと言っていいでしょう。反対に、プレーヤーとしての実績があるからといって、きちんと理論的な勉強をしていない人、理論的な裏付けのない人は、無闇に信用しないほうがいいかもしれません。

それから、指導者としてアマチュアを教えた経験も聞いておきたいポイントです。プロと違って、アマチュアのスイングはバラバラで、言い方は悪いですが「ひどい」状態からスタートするケースが多い。そういった人を指導して「できる」ようにさせるには、独特の経験とノウハウが必要なのです。1つの目的を10パターンもの方法で指導できるような人でないと、アマチュアを指導して結果を出すのは困難。自分のパターンに沿って型にハメる指導ではなく、こちらに合わせてたくさんの選択肢を用意できる「引き出し」が多いかどうかを探ってみてください。

そして何より重要なのが、熱意です。アマチュアにゴルフを教えることに誇りと熱意があるか。あなたの「上達したい」という意欲に、きちんと向き合ってくれる人かどうかを見極めてください。

こういった点を判断材料にしつつ、最終的に大事にしたいのは、やはりコーチのパーソナリティです。スイング改造や上達のための努力というのは結構厳しいもの。人間的に「この人に教わりたい」と思えるコーチとでなければ、困難を乗り越えて目標を達成することはできません。そういった人を見つける努力は、どれだけしてもムダではありません。

もちろん、コーチ探しと並行して、自分自身の知識を深める努力も必要です。スイング理論に対する豊富な知識と深い理解があれば、指導者の意図するところを誤解なく取り入れることができるようになりますし、前述のような質問に対して、その場しのぎの答えで煙に巻かれることもなくなります。理論武装することは進歩の手助けとなると同時に、最大の自己防衛にもなるのです。

自分に合ったコーチを自分の足で探そう

9 「やさしい」コーチに教わるのをやめる

これは人間的にやさしい人がダメだと言っているのではなく、なんでもかんでもハイハイと肯定してばかりだったり、聞き心地のいい言葉ばかり並べて厳しいことを言えないコーチは、指導者としてよくないということです。

ゴルフの上達のためには、まず自分を正しく知らなければなりませんし、コーチはそれをあなたに正しく伝えなければなりません。それには、あなたのスイングの悪い点や誤解している知識を、包み隠さず指摘する必要があります。その本質を隠したりごまかしたまま進めようとするのは、あなたのためになりません。

また、スイングに大きな問題を抱えている人が本格的なレベルアップを図るためには、スイングを土台から壊して再構築しなければならないようなケースもあります。そういう大手術に際しては、一時的にスコアが悪くなるくらいのことは当たり前で、いままで80台で回っていた人がしばらく100を切れなくなったり、それこそボールに当たらなくなったりすることもめずらしくありません。それは、覚悟していてもつらいことです。もしあなたが上達を望み、そのためにそういった荒療治が必要なときには、そのことを正しく伝え、断行できるのがよい指導者です。あなたがスコアを崩して不機嫌になったからといって迎合してしまうような指導者のもとでは、上達は望めません。

そしてゴルフの上達のために必要な基礎的な練習というのは、得てして単調で楽しくないものです。そういった「つまらない」練習の意味と必要性をあなたに理解させる努力を惜しまず、モチベートしてくれる指導者を選びましょう。

ゴルフを教える仕事は、指導者であると同時にサービス業という側面も持っています。お金を払って教わりに来ている生徒さんに厳しいことを言って機嫌を損ねれば、スクールを辞められてしまうかもしれないというリスクがあるのです。ですが、そのジレンマを乗り越えて、あなたの上達のために「本当のこと」を言ってくれるコーチを見つけること。これは上達のための非常に重要な要因であるということを忘れないでください。

「本当のこと」を言ってくれるコーチに教わろう

10 YouTubeを参考にするのをやめる

いま、ゴルフ業界にもＩＴ化の波は押し寄せてきていて、ネット上にはＹｏｕＴｕｂｅなどの動画によるレッスンがあふれています。私は、この動画レッスンには一定の警戒が必要だと感じています。

というのも、ＹｏｕＴｕｂｅなどの動画やブログなどは、誰でも簡単に配信できてしまうからです。その発信源は、プロゴルファーとは限りませんし、一介のゴルフ好きのアマチュアが「それっぽいこと」を言っているだけかもしれないのです。

誤解しないでいただきたいのは、動画のレッスンがダメだと言っているのではありません。インターネット上の情報は玉石混淆ゆえ、発信者を見極めるフィルターを自分自身で持つことが必要だということを言いたいのです。

その意味では、雑誌や単行本などのメディアは、出版社や編集部という専門家のフィルターを介してから発売されているものですので、その情報の確度に一定の信頼性があります。ゴルフが好きなだけのアマチュアの自己流レッスンが、雑誌に掲載されることはありませんからね。

ですので、インターネットのブログや動画などの情報を見る際は、雑誌などで見たことがある人や本を出版している人など、ある程度素性のわかる人が発信しているものに絞り、ザッピングしながら何でもかんでも取り入れるのはやめましょう。

反対に、雑誌や本などの情報というのは、どれだけ取り入れても損はありません。ゴルフの上達のために、「知識」は絶対的な価値があります。ただしこれは、「ちゃんと読めば」という条件がつきます。

ゴルフ雑誌を定期的に読んでいる人ならわかると思いますが、ゴルフ雑誌のレッスン記事は、ある号では「ドローが飛ぶ」と言っていたかと思うと別の号では「フェードがいい」と書いてあったり、「スイングは左手主導」という記事と「もっと右手を振ろう」という記事の両方が載っていたりと、主張が一貫しないように見えます。ですがそれぞれの記事は、前述のようにプロのゴルフ編集者のフィルターを経ていますので、決して「嘘」ではありません。

ではなぜ主張が一貫しないように見えるのかと言えば、それぞれの記事の「前提」が違うからです。たとえばそれらの記事をよく読むと、「最近飛距離を伸ばしている女子プロはドローで飛ばしている」とか「OBを打たずにスコアをまとめるにはフェードがいい」とか、「方向性を出すには左手リードだ」とか「もっと右手を使ったほうが飛距離が出るんだ」とか、必ずそういった「ただし書き」が書いてあります。そういった部分をきちんと読み解けば、その記事の意図するところを誤解なく理解でき、混乱することなく自分の知識として蓄えていけるはずです。

また、特定のプロがスイング理論について語るようなレッスンも、「スイング理論にはさまざまなバリエーションがある」という前提で、他の人の理論や自分の感覚と比較する目を持っていれば混乱することは少ないでしょう。

いずれにしても大事なのは、企画に対しても細かな内容にしても、その背景にある意図を考えながら読むということです。フックグリップがいいと言うレッスンとウイークグリップがいいと言うレッスンがあっても、それぞれがどんな動きでどんなスイングをさせ、どんな球を打たせようとしているのかを考えれば、どちらも矛盾なく理解できますし、自分がどちらを選ぶべきかもわかってくるのです。

インターネットの情報は発信者を見極めよう

11 トレーニングとダイエットをやめる

いま、プロゴルファーの多くがフィジカルトレーニングを行っていて、タイガー・

ウッズやローリー・マキロイ、小平智選手などトッププレーヤーには筋骨隆々とした選手がたくさんいます。しかし実は、トレーニングとゴルフの上達との因果関係は薄いのです。筋力や柔軟性を高めても、それだけではゴルフは上手くなりません。

ではトッププロたちがトレーニングするのはなぜかと言えば、飛距離以上に、ケガ対策や3～4日間の競技を1シーズン戦い続けるための体作りという意味合いが強いのです。

もちろん、筋力を鍛えることによって瞬発力は増しますので、ヘッドスピードが上がって飛距離がアップする可能性はあります。ですが筋力＝飛距離ではなく、いいスイングができているうえで、その動きをスピードアップできれば飛距離が伸びる可能性があるということにすぎません。またストレッチなどで関節可動域が広がることでスイングに良い影響はあるかもしれませんが、柔軟性があれば〝良いスイング〟ができるわけではありません。柔軟性アップは時間がかかるため地道にとりくむ必要があり時間と労力を投下するか慎重に判断した方がいいでしょう。

筋力トレーニングも、決してマイナスではありません。しかし、技術が足りないのに体を鍛えてもスコアアップにはあまり意味はなく、トレーニングしたから上手くなるということではないということは理解してください。

もうひとつ、ゴルフのためのダイエットもあまり意味はありません。もちろん、体がスムーズに動かないような極端な肥満の場合は別ですが、体重が減ったからといってゴルフが上手くなることはないですし、多少太っていてもスイングするのに問題はありません。フィル・ミケルソンやジェイソン・ダフナーなどのメジャーチャンピオンにも、メタボ体型の人は多くいます。

むしろ体重＝質量を減らすことは飛距離が落ちる可能性があります。美容・健康のためにダイエットするのは構いませんが、それでゴルフのパフォーマンスが上がるとは思わないでください。

結論

上達したければトレーニングよりも練習にエネルギーを割こう

ジェイソン・ダフナー
ローリー・マキロイ

12 クラブを替えるのをやめる

第2章で最後に言っておきたいのは、無闇やたらとクラブを新しくするのは、上達やスコアアップのためにはあまりよいことではないということです。

道具の占めるウェートの非常に高いゴルフというスポーツにおいては、クラブを替えるということは、スイングにも大きな影響を及ぼします。ゴルファーとして「新しいクラブがほしい」という気持ちはわかりますが、目的のハッキリしないクラブチェンジは、多大なリスクが伴うということを覚悟してください。

とくに、今年発売したニューモデルのなかから、雑誌を見ながら「このなかのどれが飛ぶのかな」というような発想でドライバーを選び、フィッティングもせずに買い換えるのは、暴挙としか言いようがありません。

まず、クラブを替える際には明確な意図を持ってください。いまの自分を出発点に、いまよりもどうしたいのか。そのためにはどんなクラブが適切なのか。たとえば、「スイング改造によって球がつかまるようになり、少し引っかけのミスが出るようになったので、つかまりすぎないドライバーがほしい」とか「いまは少しボールが吹き上がり気味で飛距離をロスしているので、スピン量の少ない球が打てるドライバーがほしい」といった感じで、できるだけ具体的なイメージを持ってください。

また、雑誌の記事や広告などで使われる「やさしい」という表現は要注意です。一般的には「スイートエリアが広い」「球がつかまりやすい」「球が上がりやすい」ということに加え、「クラブの重量が軽い」ことなどが「やさしい」の実態ですが、それがすべての人のスコアアップにつながるわけではありません。「やさしい」の内容を吟味せずにクラブを買うと、ミスを増幅する可能性さえあることを忘れてはいけません。

そして、その目的に合ったヘッド、シャフトを、できればあなたのスイングをよく知る専門家に相談しながら見つけてください。さらに、クラブを買う前には、必ず試打をして実際の弾道をチェックしてください。弾道計測器などを活用して打球のデータもチェックしたいですね。自分の感覚だけに頼っていては、本当にマッチするクラブは見つけられません。

このとき注意してほしいのは、新しいクラブを買ったからといって、いま使っているエースクラブをすぐには手放してはいけないということです。新しいクラブが本当に「使える」クラブかどうかがハッキリするまでには、最低3カ月程度の時間と、ある程度のラウンド経験が必要です。新しいクラブを3カ月使ってみて合わなかったとわかったときに、戻るべきクラブがなくなってしまっていては、クラブ選びの迷宮に迷い込むのは間違いありません。

もうひとつ注意してほしい点は、スイング改造中にクラブを替えるのはタブーということです。スイングとクラブの2つの基準のうち、スイングという片方の基準を変えているときに、もう片方の基準であるクラブまで変えてしまっては、戻るべき基準がひとつもなくなってしまいます。その意味では、クラブを替えるのは、スイングが好調のときがいいかもしれませんね。

新しいクラブを探し、手にするのは、ゴルファーの大きな楽しみのひとつであることはたしかです。ですがその場合も、決して慎重さを失わないようにしてください。

新しいクラブは明確な目的を持って選ぼう

Golf will be better with
"discarding techniques"!
Hints for improving "as soon as possible" by world standards

第3章

コースでは「何もしない」ほうがいい

1 毎回本気でラウンドするのをやめる

本章では、実際にコースでプレーする際にありがちな「やらないほうがいいこと」「やってはいけないこと」について説明いていこうと思います。

まず提案したいのが、コースでのプレーを毎回「本気」でプレーするのをやめてほしいということです。

アマチュアゴルファーのプレーを見ていると、ラウンドの際は毎回「ベストスコアを出そう!」という気持ちでプレーしている人がほとんどのように思えます。しかし、実戦力を高め、スコアアップを目指すためには、コースでの経験を積むことが必要ですし、そのためにはスコアにこだわらずに「練習」と割り切ってプレーすることも必要になってきます。

また、私がこのような提案をする背景には、アマチュアの「本気ラウンド」の実態も関係しています。というのも、本気でラウンドしているつもりのアマチュアのプレーのほとんどは、本当の意味で本気でスコアを出しにいっているプレーではなく、実際はなんとなくスコアを気にしながら漠然とプレーしているにすぎないからです。

たとえば、プロにとっての「本気のプレー」というのは、コースの難易度やコンディション、自分の調子やときには順位などをすべて考えながら、今日のスコアを想定してプレーするものです。65のベストスコアを出したことがあるからと言って、64を狙うのが本気のプレーではありません。コンディションによっては72を狙うこともあれば、オーバーパーでもOKと割り切ってプレーすることだってあります。

その点、アマチュアゴルファーは、どんなコースでもどんなコンディションでも自分のベストスコアを基準にしたり、「100切り」だったり「80台」というようなかなり漠然とした数字に対してプレーしています。

こういった基準の差は、当然プレーの内容にも現れます。たとえばプロが「72でOK」と思ってプレーする場合も、全ホールをパーで回れるとは考えておらず、ボギーをどうやって許容し、どこでバーディを獲るかという判断がありますし、そのために何をすべきかという緻密な計算のもとでプレーしています。

しかし漠然と「ベストスコア」を狙ってプレーしているアマチュアには、その数字をどうやって生み出すかという計画がない場合がほとんどですし、当然、「攻める」

「守る」といった流れのコントロールなどもありません。また、「絶対にダボを打たない」とか「ボギーでしのぐ」というようなマネジメントを徹底できていない場合もほとんどです。その結果、どこかでダボ、トリなどが重なって「普段どおり」のスコアが見えてくると、集中力のないゴルフになってしまうことが多いのではないでしょうか。

そのような、本気のつもりで始めて結局は漠然としたプレーに落ちてしまうゴルフほど、ムダなラウンドはありません。もし「本気」でプレーするのなら、スコアを想定し、そのために最善の努力をして、ダメでも集中力を切らさずに最後までやり通さなければ意味がありません。

それができないのであれば、最初から「練習」と割り切って経験を積んだり、練習してきたことを試し検証する場として活用したほうがはるかに有効ですし、実際、そういったコースでの練習を積まずにスコアアップするのは困難です。

プロゴルファーも、試合の本戦前には必ず練習ラウンドをしてコースの下見をしますし、シーズン前には合宿を張ったりしてコースで練習する機会を持ちます。

1カ月に1回くらいしかコースに行かず、そのラウンドを楽しみしているエンジョイゴルファーには「練習ラウンド」という発想は難しいかもしれませんし、都市部に住み土日しかプレーできない人にとっては、交通費まで含めたら1回2万円近くかかるゴルフをムダにするようで「もったいない」と感じるかもしれません。しかし、コンペでも競技でもないゴルフで、経験を得るチャンスを捨てて漠然とプレーしてしまうほうが、はるかに「もったいない」のではないでしょうか。そして、こういった練習ラウンドの経験は、コンペや競技などの「本当の本番」で必ず役に立つはずです。

　こういった「練習ラウンド」は、自分のホームコースで行うのがベストですが、メンバーシップを持っていない人や行きつけのコースがない人は、近所の価格の安いコースや河川敷などを積極的に活用するといいと思います。また、そういったコースで早朝や薄暮、ハーフプレーなどを活用するのも、コスト的にも時間的にも有効ですので、試してみてはいかがでしょうか。

ときには「練習ラウンド」をしよう

2 スイングチェックをやめる

ラウンド中にやってほしくないことのひとつに、スイングについて考えすぎることがあります。ラウンド中、自分のスイングに対するチェックポイントが多すぎるのはスイングには悪影響を及ぼします。「左わきを締めて構えて、トップでの手首の向きを気をつけて、切り返しでは体を開かず、フォローで右腕を伸ばして……」などとあれこれ考えながらするスイングは、スムーズさを失い、リズムが悪くなって余計なミスの原因になります。

理想を言えば、本番ラウンド中のスイングについては、チェックポイントはゼロでプレーしたいのです。ラウンド中、スイングについて考える暇があるなら、マネジメントに頭を使ってほしい。練習とは、何も考えなくてもきちんとスイングできるような状態を作る準備にほかなりません。

とはいえ実際は、スイングに一切不安のない状態でゴルフに臨むのは難しいですし、誰しも現在のスイングに気になる点はあると思います。ですが、スイング中に意識できるのはせいぜい1カ所。練習ラウンドであっても、それ以上のことを考えながらスイングするのはNGです。

スイング中は、頭の中をできるだけ右脳的なイメージを主体にしておければベターです。具体的には、リズムだけを意識したり、弾道やスイングなどもできるだけビジュアル的なイメージとしてとらえるということ。言葉で具体的に左脳を使って考えるのがよくないのです。

アドレスに入る前の段階で、「考える」ことは済ませておき、スイング中は動きについて考えないことが大事

何も考えないのでは、ライや風への対処などはどうするんだ、と思うかもしれませんが、それはスイングを始める前に状況を判断して決断を済ませておくべきです。アドレスに入る前に多くの情報

を処理してやることを決めたら、構えた後はそれを実行するだけ。構えてからあれこれ考えても、いいことはひとつもありません。スイングに気になる点があるなら、それは素振りの段階でチェックを済ませましょう。

スイング中は、イメージやリズムだけを考えよう

3 アドレスで固まるのをやめる

スイングのチェックポイントが多い人には、アドレスで体の動きが止まってしまってなかなか動き出せないケースが多く見られます。一度完全に静止した状態からスイングを始動するのは難しく、上半身に余計な力が入ったりしてスムーズな動きを損ないやすくなります。それを防ぐためにも、左脳で考える余地を減らすという意味でも、アドレスで固まってしまうのは避けたいところです。

実際、プロゴルファーの多くは、アドレス中にも完全には静止せず、体のどこかを動かし続けています。パタパタと足踏みするような動きやワッグルなどがその代表例ですし、人によっては第三者の目には見えないような体の内部の意識だったりする場合もあります。手元やひざなどを目標方向に押し込む「フォワードプレス」も始動のきっかけとして有効です。

もちろん、動いてさえいればOKというわけではなく、やたらとワッグルを繰り返してなかなか始動できない人も、チェックポイントが多すぎるパターンですのでNGです。

いずれにしても、構えてからあれこれ考えるのはダメというのは、先の項目でお話ししたとおりです。スイングに悪い影響を及ぼすだけでなく、スロープレーの原因にもなります。一緒に回っている同伴プレーヤーが、やたらとワッグルが多かったり、アドレスに入ってから始動までが長くてイライラした経験は、みなさんもありますよね。

スムーズに始動するためには、プレショットルーティンをきちんと決めておき、毎ショットそのルーティンを遵守するのが何より有効です。アドレスに入る前に、ボールの前でさまざまな情報を処理して「やること」を決めたら、そこから先はいつものルーティンをなぞるだけ。どのタイミングでどんな素振りを何回し、どっちの足から踏み出して、どちらの手でクラブを持って、何歩で構えに入ってどう立つか。そこからどんなワッグルをして、何をきっかけに始動するかまで、すべてキッチリ決めてパターン化しておくのです。

吉田プロのプレショットルーティンの例。ターゲット後方から目標を確認し、両手でグリップしたまま回り込んでスタンスを決めたら、ターゲットを確認し、2回ほどワッグルして、すぐにバックスイングを始動する

決めたルーティンを実行することに集中すれば、余計なことを考える余地を排除でき、アドレスで固まることもなくなります。もしこのルーティンの過程で違和感が生じたら、一度構えを解いて、また最初から仕切り直すことが大事です。

自分のルーティンは、意識的に練習して作らなければ身につきません、最初は周りの上級者やテレビで見たプロゴルファーなどのルーティンを真似するところから始めてもいいでしょう。そこに自分に必要な動きを足したり、違和感のある動きを取り除いたりしていけば、いずれ自分独自のルーティンが固まってきます。そしてそれを、普段の練習からきちんと実行するクセをつけておくことが重要なのです。

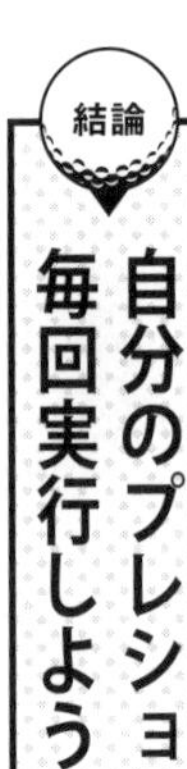

自分のプレショットルーティンを作って、毎回実行しよう

4 「本気素振り」をやめる

みなさん、ショット前に素振りはするでしょうか？　アマチュアの素振りを見ていると、ショットの「予行演習」のように本気の素振りをする人を多く見かけますが、これはやめたほうがいいと思います。

その理由はいくつかありますが、まず「予行演習」の本気素振りをする人にありがちなのは、本番のナイスショットが期待できるような動きができるまで素振りを繰り返すケースです。これはスロープレーにつながる大きな要因ですし、何より何度も素振りをして「成功」の素振りができたとしても、それが次の「本番」のときにできる保証にはならないし、その可能性も低いということです。実際みなさんも、「素振りが完璧だったから、実際のショットも同じように打てた」という経験はあまり多くないのではないでしょうか。

また、この素振りでの「完璧」が、実際のグッドスイングと同じでないケースも多々見られます。アイアンで言えば、ソールが芝をほどよくかすめて振ればＯＫ、という感じの人をよく見かけますが、そのソールが接地した場所は本当のボール位置ですか？　実際のショットではターフは取らないのですか？　そのあたりのズレを見て見ぬ振りをした「予行演習」には意味はありません。

そしてほとんどの人が、素振りの力感が強すぎます。プロの試合を観戦に行ったことのある人ならわかると思いますが、プロゴルファーに素振りで強振する人はいません。ほとんどの選手が、ゆったりとした軽めの動きで素振りをしますし、何かの動きを強調したり確認するような素振りに終始し、本番同様のスイングをする人はいないはずです。

これには理由があって、実際のスイング時は力が入っているうえスピードがありすぎて体やクラブの動きを細かく意識しにくいため、力感を落として、体のセンサーがよりハッキリと働く状態で素振りをするほうが効果的だからなのです。また実際にボールを打つ場合は、自分の意図した以上に力が入ってしまうものなので、素振りで100％の力感で振ってしまったら、実際のスイングは120％になってしまいます。それを防ぐためにも、素振りの力感は極力抑えておきたいのです。

先ほども説明したとおり、スイング中に意識できるチェックポイントはせいぜい1

つ。しかも、できればあまり具体的でないイメージ的なもののほうがいいので、素振りの際もそういったイメージと連動するような動きを行うのがベターです。そして、打ちたい弾道を頭に思い浮かべながら、「こんな感じかな」と動いてみる。ドローを打とうと思っているのであれば打ち出し方向などを意識しながらフォローでヘッドを出していくイメージを作ったり、体が開かないように振りたいのならベタ足の感じでインパクトゾーンをなぞるとか、そういった感じでしょうか。

体の動きやクラブのポジションなどをチェックするのが素振りの目的

実際のスイングでのクラブや体の動きは、素振りでやろうとしていることの半分もできません。普段よりもかなりインサイドアウトに振る意識があっても、

ショットでもパットでも、ターゲットや弾道をイメージしながら素振りをしたい

実際は全然変わらないか、変わってもほんのわずか。ですから、素振りの段階では動きを極端にしたり目視したりしながら、本番で意図したことができるような準備をするのです。

こういった素振りのイメージが湧かない人は、テレビ中継でもいいので、プロたちの素振りを見てみてください。参考になると思います。

素振りは軽く、イメージ重視で行おう

5 プレーを急ぐのをやめる

スロープレーはゴルファーとしてやってはならない迷惑行為であり、ほとんどのゴルファーが初心者時代に、先輩ゴルファーに「急げ！」と急かされながらプレーした経験があるのではないでしょうか。

しかし、ある程度上達してスムーズにプレーできるようになった人は、プレーを必要以上に急ぐ必要はありませんし、スコアメーク上もおすすめできません。

というのも、アマチュアゴルファーの多くはプレー中の時間の使い方が下手で、急ぐべきところに時間をかけ、ゆっくりやってもいいところで焦る傾向があり、それによってリズムを乱したり、必要な情報を正しく処理できずにスコアを崩しているケースが多いように思えるのです。

私が「急がなくていい」と言っているのは、実際にボールを打つ場面での動きです。ボール地点に行ってライなどの最終判断をした後は、プレショットルーティンを行って実際にボールを打つわけですが、この動作はムダに急がずに、普段どおりの

ボール地点に行くまでに、ある程度の距離の目安を立て、使う可能性のある番手を絞っておくことはできるはずだ

ルーティンをていねいに実行することが大事なのです。

そのために重要なのが、「間のプレー」のスピードと効率を上げることです。アマチュアの多くは、このショットとショットの間の動きが遅くムダが多いために、ボールを打つ場面で慌ててしまうのです。

「間のプレー」でやるべきこととは、次のショットのことを考えて予測しておくこと。自分のショットが打ち終わってボール地点まで歩いている間に、ピン位置や風向き、グリーン周りのバンカーの配置などはチェックできるはずですし、ボール地点に近づいてくれば、だいたいの距離も見当がつきますから、攻め方の選択肢は絞っておけるはずです。

たとえばピン位置が奥で、ヤーデージの木がグリーンエッジまでの表示だとした場合、100Yの木のところにボールがあるのが見えたら、次のショットが110〜120Yになることは、遠目でもわかります。ボールがラフにあれば、それを想定して1つ上の番手と脱出用のウェッジなどを用意しておけばいいですし、風向きがフォローなら全体的に1番手下げておけばいい。これを、ほかのプレーヤーが打ち終わってから始めるからバタつくのです。アプローチなら、上げる番手と転がす番手を両方持って行き、最終的にライを見て判断する。パッティングでも、グリーンに上がってボールをマークするまでの間にグリーン全体の傾斜を見ておけば、いざ自分の打順になってからラインを読みはじめ、さらに「変だな」と反対側に回り込んで読み直す……というようなことはなくなるはずです。

もちろん、予測が外れて、ボール地点に行ってみたらディボット跡だったり、急に風が強く

風向きやピン位置などの確認も、自分の打順が来る前に確認しておけばモタつくことはない

なるようなことはありますが、そんなケースは1ラウンド中に1回か2回でしょう。普段からスピーディにプレーしている人であれば、そういうイレギュラーな場合には少々時間をかけてもいいのです。

なお、2019年からは、ルール改正により準備ができた人から先に打つべきであるという「レディゴルフ」が推奨されますので、打順にこだわらずにスピーディに状況判断をすることがさらに求められるようになるでしょう。「間のプレー」が遅い人は毎回最後に打つことになって、スロープレーヤーの烙印を押されることになるので、気をつけてください。

結論

「間のプレー」をスピーディに、ルーティンはていねいに

6 「ラインを読む」のをやめる

プレーのスピードにも関係してくることですが、アマチュアプレーヤーは必要以上にラインを読むのに時間をかけ、ラインにこだわりすぎているように感じます。

「ラインを読むな」と言ってしまうと暴論に聞こえるかもしれませんが、ロングパットの場合とくに、ラインよりもタッチのほうがずっと重要です。たとえば、どっちに切れるかわからないラインをやたらと時間をかけて読んでおいて、結局大きくショートしたり大オーバーしたりする人は多いですし、カップ1個切れるのか1個半なのかにやたらと悩む人も多いですよね。どっちに切

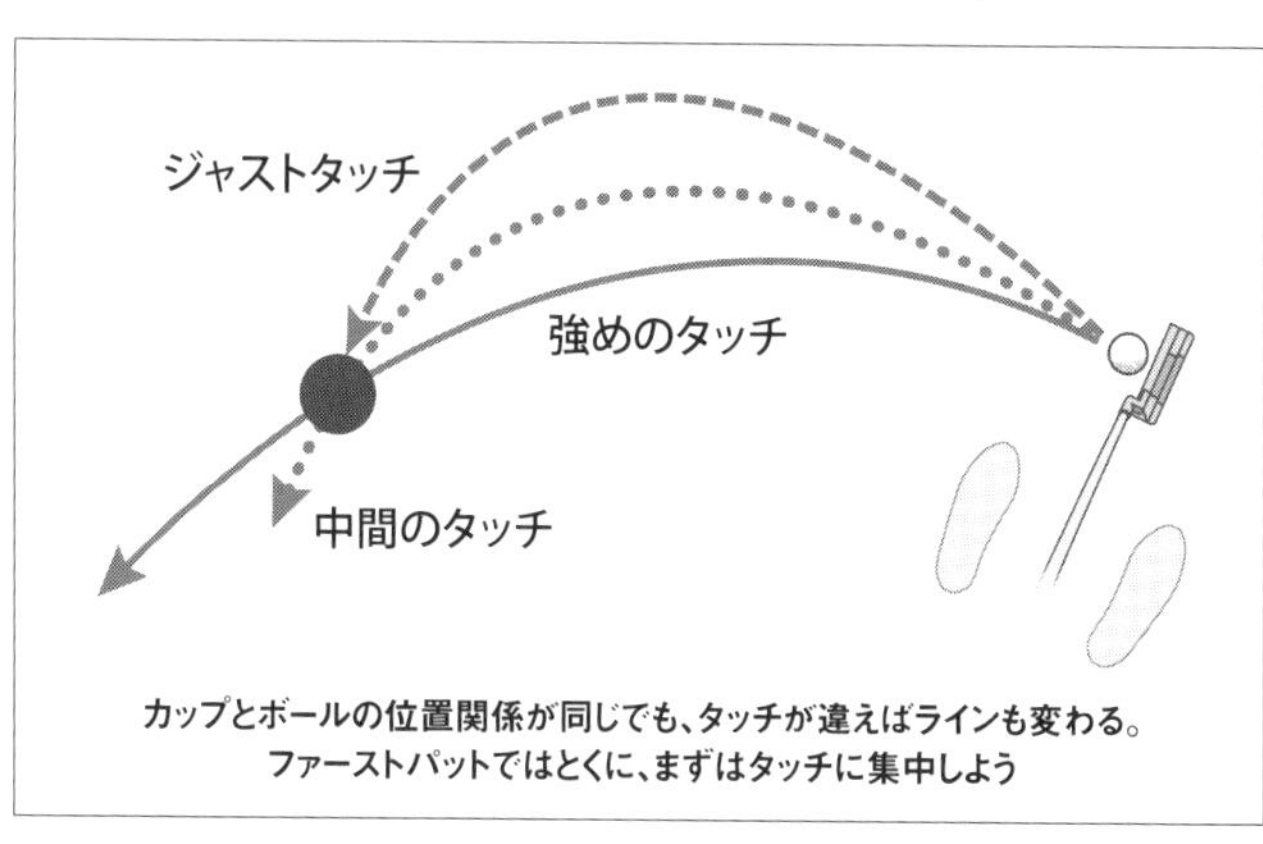

カップとボールの位置関係が同じでも、タッチが違えばラインも変わる。
ファーストパットではとくに、まずはタッチに集中しよう

れるかわからないような微妙なラインは、読み間違えて逆に切れたとしても、ほんのちょっとの曲がりのはずですし、カップ半分の曲がりの差などは、タッチによる誤差にも等しい差です。そこに時間を割く暇があるなら、タッチのイメージを膨らませたほうがずっと有効です。

実際ラインの読みは、まずタッチなくしては考えられないものです。同じ位置から打っても、カップまでジャストタッチで打つ場合と、2メートルオーバーさせる場合とでは切れ方は変わるわけです。まず最初に考えるべきなのはタッチなのです。

タッチとは、ボールのスピードコントロールです。どのくらいのスピードで打ち出されたボールが、どう減速してカップに到達するか。そのイメージが明確になれば、ラインも自ずと見えてくるものです。

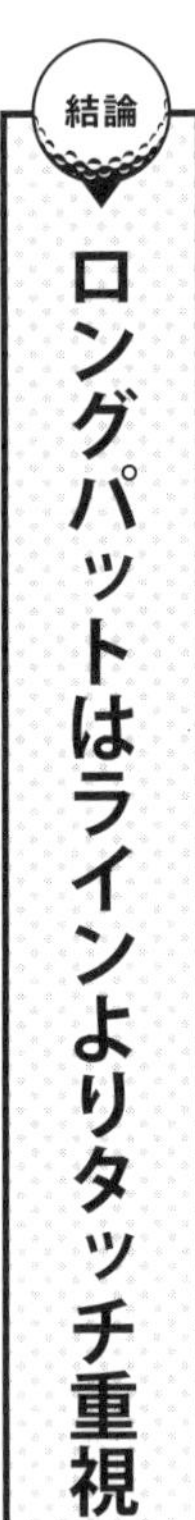

7 期待するのをやめる

「本気プレーをやめる」こととも少し似ているかもしれませんが、アマチュアゴルファーは、結果に過度な期待をしすぎていて、それを裏切られて集中力を切らしているケースが多いように私には思えます。

まず、「いいスコアを出そう」「いいポジションにつけよう」という期待をしないことです。どんなにいいプレーを求めても、その結果は自分でコントロールすることはできません。普段からナイスショットを打とう、いいプレーをしようとしているはずなのにそうならないわけですから、考えるべきはそこではないのです。

「過去」である打ち終わったショットを悔やんでも結果が変わらないのと同様、まだ打ってもいない「未来」のショットの結果はコントロールできません。プレーヤーにコントロールできるのは、「現在」だけ。いま自分が打つショット、プレーに最善を尽くすことだけです。だから、そこにいかに集中するかが大事なのです。

言い換えれば、結果ではなく過程にこだわることです。具体的に言えば、「ベタピ

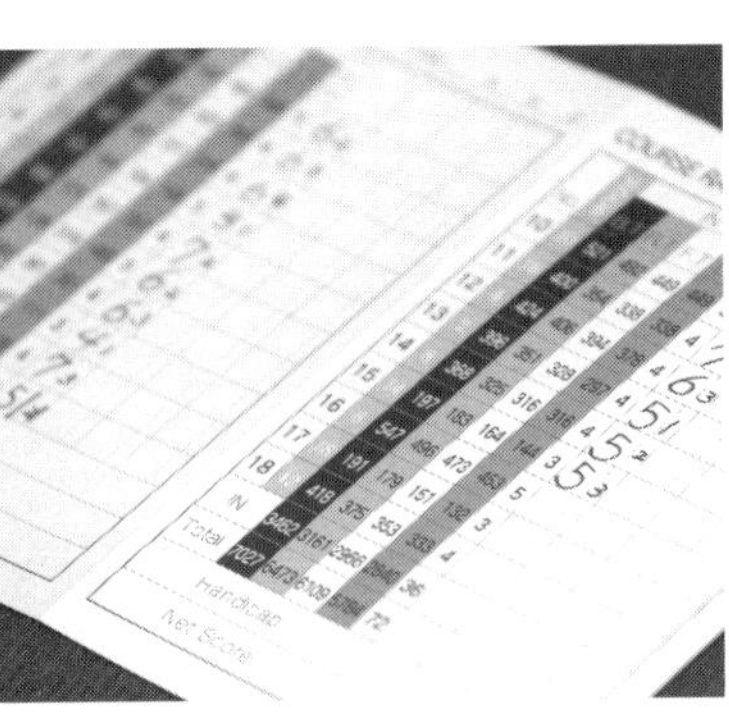

そこまでのスコアと、これからやるべきことは関係ない。スコアがよくても悪くても「やるべきこと」をきちんと実行するだけだ

ンにつける」ことを考えるのではなく、「ピンより少し右に構えてスタンスなりに打ち出し、少しドローさせる」とか「花道を狙ってゆるまずに振り抜く」ことを考える。その過程をきちんと実行できれば、結果的に突風に流されて左のバンカーにつかまったり、少し曲がってグリーンを外したとしても仕方がない。そう割り切ることが重要なのです。

「70台を出すぞ！」というような期待は、目標や計画とは違います。目標や計画とは、70台で回るために「絶対にOBを打たない」とか「3パットをしない」と考えることで、さらに細分化すれば「ドライバーの飛距離を1割落として方向性を重視する」とか「ショートパットでゆるまないようにフォローをしっかり出す」というような実際の行動です。そこを履き違えないようにしてください。

「未来を気にしても仕方がない」という意味では、スコアを数えながらプレーするのもおすすめできません。とくに、いざ上がり3ホールになって「残りをパー、パー、ボギーで上がれれば100が切れる」などと計算しても、何ひとついいことはありません。

そもそも、15ホール終わってのスコアが26オーバーだろうと、イーブンパーだろうと、残り3ホールで最善を尽くすうえでやるべきことは同じはずですし、できることも変わりません。平均100前後で回る人にとっては、上がり3ホールを1オーバーで回るのは現実的ではありませんし、仮に実現したとしても、それは「がんばった結果」ではなくおそらく「まぐれ」です。反対に、上がり3ホールが全部ダボでもベストスコアだったとして、「パー、パー、ボギー」が必要な場合とやることが変わるわけではないのです。

繰り返しになりますが大事なのは「過程」であって、現在のスコアがいくつであっても「やるべきこと」は一緒だということを忘れないでください。

結果よりも過程を大事にしよう

8 ピンを狙うのをやめる

ゴルフは「ミスのスポーツ」だと言われます。ラウンド中のほとんどのプレーは多少なりとも「ミス」の結果であって、文句なしの100点満点のプレーというのはほとんど出ません。先日のラウンドを思い出して、「ミス」の範疇に入るショットはどのくらいありましたか？　世界一流のトッププロでさえ、試合で優勝した週のプレーであっても、4日間で満足のいくショットは1～2発程度と言われたりもします。だからこそ、ミスを想定し、ミスを許容してプレーすることが非常に重要なのです。

ゴルフコースというのは意地悪にできていて、ピンをデッドに狙ったりベストポジションにつけようとすると、リスクが伴うように設計されています。とくにプロの試合などでは、ほんの1ピンぶんズレただけで砲台グリーンから転がり落ちたり、キャリーが10Y足りないだけでバンカーにつかまるようになっているケースが多々あります。程度は異なりますが、一般営業のコースにも同様の「罠」は潜んでいて、甘い蜜に誘われて可能性の低いプレーに挑み、失敗してそういった罠にハマると、ダボやトリの危険が首をもたげてくるのです。

ですが同時に、欲張らなければパーやボギーが取れるような逃げ道も設定されています。ムリにピンを狙わずに、花道方向やグリーンセンターを狙えば、多少曲がったりキャリーが足りなくてもグリーンには乗ってくれる。グリーンをこぼれても、やさしいアプローチでボギーは計算できる。ミスしても大ケガしないためには、「最高の結果」だけを求めてハイリスク・ハイリターンなプレーをするのではなく、つねに、自分の腕前に応じたミスが出ることを想定しながらプレーすることが大事です。これこそがマネジメントなのです。

自分の記憶の奥のほうにある、きわどい池越えに成功してチャンスにつけたり、ピンをデッドに狙ってバーディを獲ったようなシーンばかり想定するのは、決して合理的なチャレンジではなく、ただの無謀です。

自分がやろうとしているプレーの成功率と、ミスした場合のリスクを冷静に計算してみてください。7番アイアンで150Yキッチリキャリーさせられればベタピンにつくとしても、いまそのライからそれができる確率は何%なのか。ミスした場合にどこまで曲がる可能性があるのか。140Y先のバンカーのアゴをキャリーで越えられ

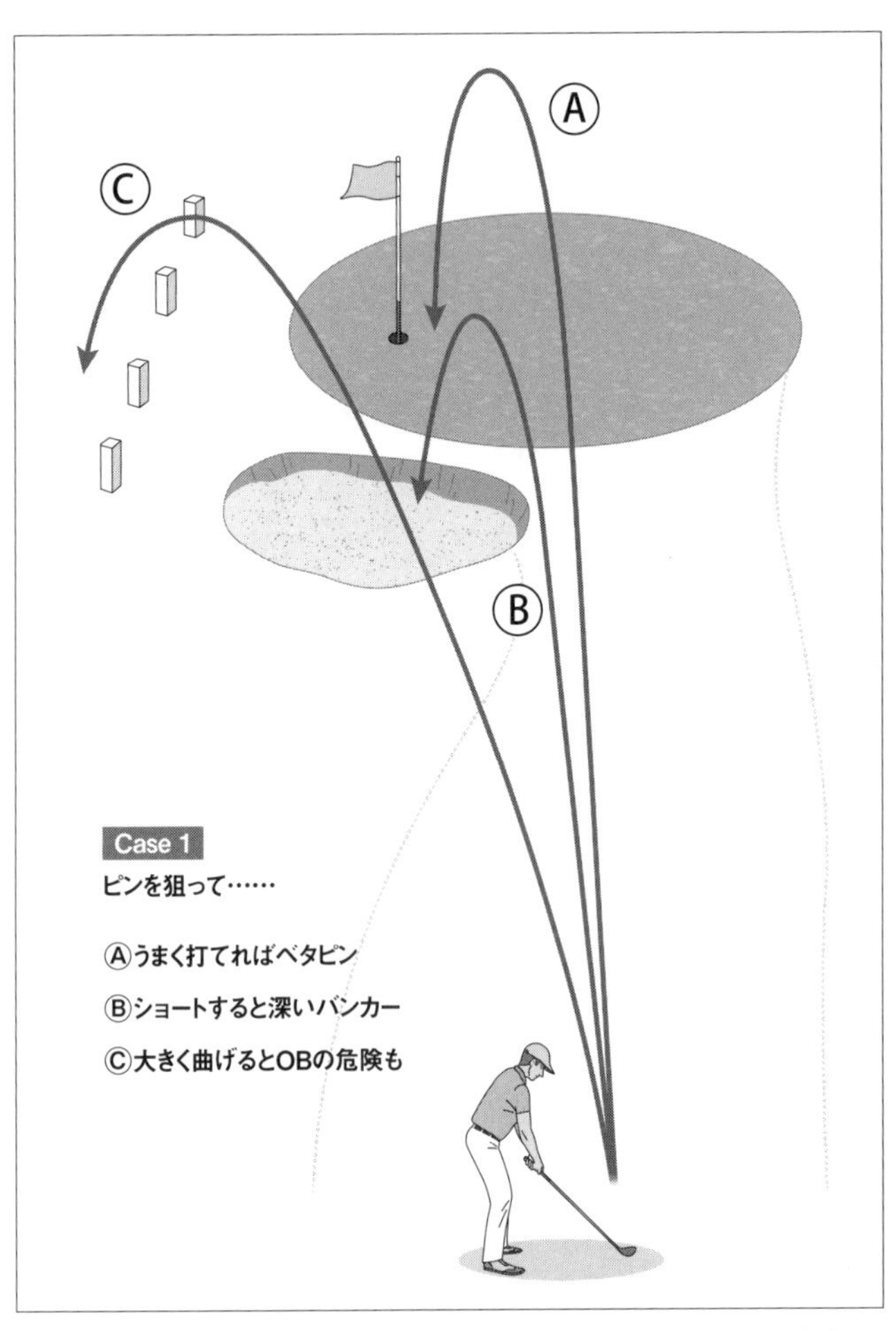

Case1 ではうまく打てればベタピンにつけられるが、ミスした場合はボギーも難しい

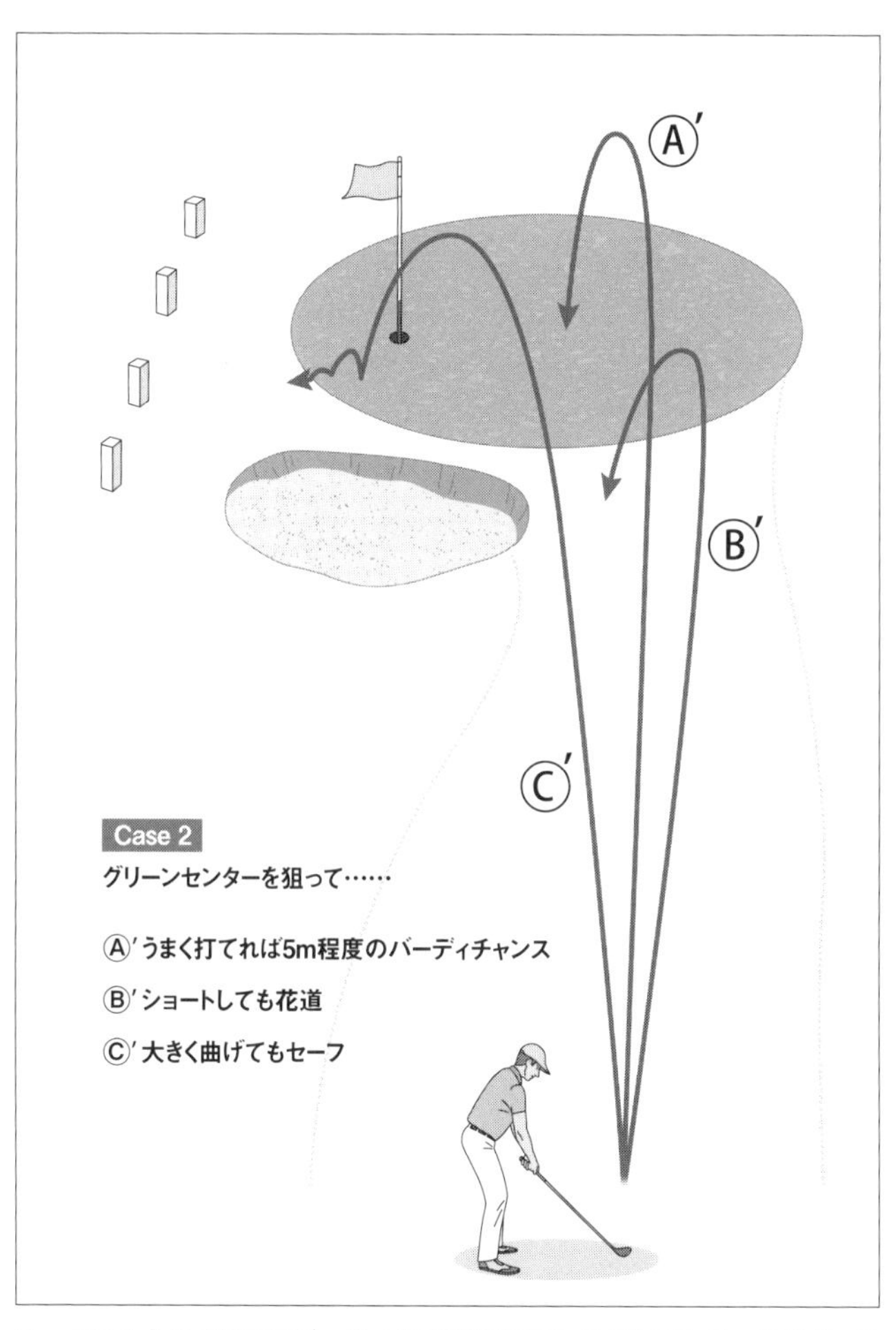

Case2 でもうまく打てばバーディの可能性は残り、ミスしてもパーかボギーは計算できる

る可能性は何%なのか。ショートしてバンカーにつかまった場合どうなるのか。さらには、左20Yのところに見えるOBまで曲げる可能性はどの程度あるのか……。

これらを総合的に判断すれば、無闇にピンばかり狙ってプレーすることなどできないはずです。成功率10%のショットに挑んでバンカーのアゴに突き刺さって悔やむのは、時間と労力のムダです。

普段テレビでトーナメント中継などを見ていると、優勝争いをしているプロはガンガン攻めてベストポジションにつけバーディを獲っていきますが、それを自分に投影してはいけません。彼らにとっては、それが成功率80%、90%以上だから狙っていて、その成功も「当然の結果」なのです。

確率の低いショットに挑んで成功したときの喜びは大きいものですから、スコアを求めないエンジョイゴルファーであれば、それもよいでしょう。しかし、自分の想定したマネジメントがピタッとハマったときの快感も、それに劣らないものですよ。本当に上達を目指すのであれば、あえてピンを狙わないことでその喜びを得ることも覚えてください。

ミスしたときのことを考えてプレーしよう

9 練習していないことをやるのをやめる

マネジメントは確率に基づいて組み立てられるべきものですが、その確率を決定づけるのは母数です。そこがハッキリとしていないプレーは、実戦で行うべきではありません。

先ほども「プロのプレーは成功率80%以上だ」と話しましたが、その背景には普段からそういった状況を想定した練習をしているという事実があります。練習でロブショットを打ったことがない人がロブショットを成功させることは困難ですが、そもそも成功率を判断することさえできません。

もちろん、本当の意味での成功率は、練習場で考えるのではなく実戦で試さなければ意味がありません。ですから、前述のような「練習ラウンド」では、成功率にあまりこだわらず練習してきたことをどんどん試しましょう。その経験がスキルアップにつながりますし、プレーヤーとしての「引き出し」を増やすことになります。

こういった特殊なショットの場合以外でも、たとえば左サイドがずっと池になっているホールでは「絶対に左に曲げない」ティショットが求められますが、普段からそういった狙い方をしていない人が、本番で左NGだからといって「左に行かないように」打つことはできません。まして、プレッシャーのかかる本番では、練習場なら「だいたいできる」ことであってもうまくいく保証などまったくないのです。

だからこそ、練習への取り組みかたというのはとても重要です。練習場のグリーンに対して漠然と打つのではなく、「グリーンよりも右には絶対外さない」とか「右の端からドローで乗せる」というように、実戦を想定して細かな「決めごと」をもって練習する。その積み重ねこそが「実戦力」になっていくのです。

普段から実戦を想定した練習をしよう

10 他人のスイングを見るのをやめる

スコアメークをするうえでは、同伴プレーヤーのプレーを必要以上に見るのは、やめたほうがよいでしょう。飛ばし屋のスイングを見すぎると自分も飛ばそうとして力んでしまうことがありますし、先に打った人が長いバーディパットをねじ込んだのを見て自分のパッティングを打ちすぎてしまったりすることもあります。そういったほかの選手のプレーは、自分にとってあまりいい方向へは作用しません。競技やコンペなどの「本番」の場合はとくにです。

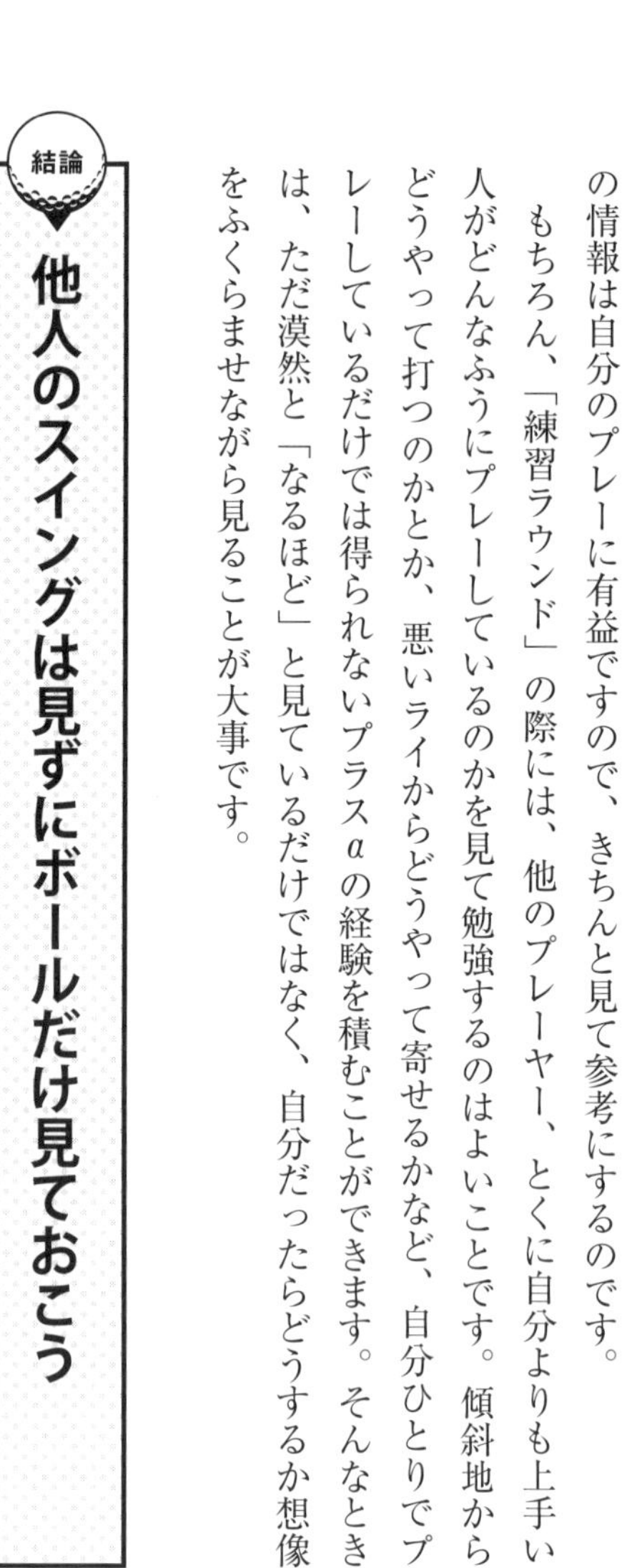

ただ、同伴競技者のスイングを見る必要はありませんが、ボールはよく見ておきましょう。飛んでいく球が風でどのように流されたか、ラフからどのくらい食われたか、パッティングしたボールが傾斜でどのように曲がったか。そういった「ボール」の情報は自分のプレーに有益ですので、きちんと見て参考にするのです。

もちろん、「練習ラウンド」の際には、他のプレーヤー、とくに自分よりも上手い人がどんなふうにプレーしているのかを見て勉強するのはよいことです。傾斜地からどうやって打つのかとか、悪いライからどうやって寄せるかなど、自分ひとりでプレーしているだけでは得られないプラスαの経験を積むことができます。そんなときは、ただ漠然と「なるほど」と見ているだけではなく、自分だったらどうするか想像をふくらませながら見ることが大事です。

結論

他人のスイングは見ずにボールだけ見ておこう

11 飛ばそうとするのをやめる

ゴルフにおいて、必要以上に「飛ばそう」とすることに、何ひとついいことはありません。

体格やスイングなどによって、プレーヤーそれぞれの飛距離のポテンシャルはある程度決まっています。普段220Yしか飛ばない人が、強振したからといって250Y飛ぶことはありませんし、仮に飛んだとしても、それは風や傾斜によって結果が変わっただけで、プレーヤー自身に「できること」が変わったわけではありません。その意味では、自分のポテンシャル以上に飛ばそうとすることも、これまで述べてきたような「結果を期待する行為」に近いと言えます。

飛ばそうとして強振したり大振りしたりするという動作自体も、毒にしかなりません。まず、飛ばそうとしたときには、ほぼ例外なく上体や腕にムダな力が入ります。その結果、正しい運動連鎖が損なわれて切り返しのタメは作れなくなり、アウトサイドインのカット軌道になったり、リリースが早くなってダフったりするミスも起こります。何よりスイングのリズムが崩れ、芯に当たらなくなるでしょう。その結果、パワーを出そうとしたのとは裏腹にヘッドが走らず、ヘッドスピードが上がらないだけでなく、バックスピンも増えて、余計に飛ばなくなります。

こうやって飛ばそうとして力む背景には、自分の正確な飛距離を知らないということがあると思います。みなさん、自分のドライバーのキャリーの飛距離を本当に把握しているでしょうか？　もちろんこの距離は、最長不倒の最大距離ではなく、無風で高低差がない場合に普段どおりのナイスショットをしたときのキャリーの平均距離ですよ。普段から「どもまでも飛んでいけ！」とばかりにドライバーを振り回している人は、きっと平均距離を知らないでしょう。

本来、ドライバーであっても、ほかのアイアンなどと同様にその基準となる距離をきちんと打つということが基本中の基本です。ただ、パー4やパー5のティショットの多くは、着弾エリアの前後にもフェアウェイが広がっている場合が多く、狙った距離よりも多少飛んでも飛ばなくても大きな影響がないため、アバウトに考えても大きな問題がないだけのことです。

そのため、ドライバーショットは「飛ばせれば飛ばせるほどよい」と考えがちですが、実際のキャリー距離が220Yの人が250Y飛ばそうとすることは、普段7番アイアンで150Y打っている人が、180Y打つつもりでスイングしているようなもので、明らかにムリがあります。傾斜や風などの影響で結果として飛んでくれればラッキーではあっても、250Yのキャリーを狙って打つようなことはナンセンスなのです。

プロゴルファーなどは、状況に応じて普段以上の飛距離を出そうと「振る」ことはあります。しかし、それは普段から70〜80％でスイングしている人が、多少曲げることを覚悟しながら75〜85％くらいに出力を上げて振っているのであって、120％でスイングしているわけでは決してありません。そこを勘違いしないでください。

自分の基準となる距離を正確に打つことを考えよう

12

アイアンをフルスイングするのをやめる

プロゴルファーには、アイアンを１００％の力でスイングしている人はひとりもいません。これはアイアンに限らずドライバーでも同様ですが、アイアンの場合はドライバー以上に出力を抑え、60～70％前後で振っているという人も多いはずです。

まず１００％のスイングというのは、実際はほぼコントロール不可能な出力で、最大飛距離は出るかもしれませんが、ミート率が下がって距離のバラツキが出るでしょう

ドライバーもアイアンも100％で振ることはないが、アイアンのほうがより抑えてコントロールを重視する

し、大きなミスのリスクもかなり高くなります。

ヘッドが大きくてミスヒットに強く、ターゲットとなるフェアウェイの幅も広いドライバーの場合は、飛距離を優先してアイアンよりもしっかり振る人は多いですが、それでも90％以上の力でスイングしているプロはほとんどいないでしょう。グリーンを正確に狙いたいアイアンの場合はそれよりもさらに抑えて振るのが普通で、トップやフィニッシュも、ドライバーよりコンパクトになっている人がほとんどです。

しかしアマチュアの多くは、アイアンさえも１００％のマックスパワーか、ひどいときはそれ以上、120%の力で振っています。当然、球は散らばるし、距離も揃わず、ミスの確率も高い。

また、つねに100%かそれ以上の力感でスイングしている人というのは、調節可能なアクセルペダルではなく、オンかオフしかないスイッチで車を運転しているようなものです。基本動作に70%とか50%とか「力感の調節」というコントロールが存在しないので、いざ中途半端な距離を打つのにコントロールショットが必要になったときにもうまく力感を抑えられず、ゆるんでミスするケースが非常に多い。当然、アプローチは寄りませんし、100Y以内のプレーに問題が出て、グリーン近くから大叩きすることが多いでしょう。

アイアンは狙ったところに正確に運ぶことが目的の道具です。飛べば有利だとしても、飛ばすこと自体に意味はなく、狙った距離を過不足なく打てる力感でスイングすることが大事なのです。

結論

アイアンは ドライバーよりも振り幅も力感も抑えて振ろう

Golf will be better with
"discarding techniques"!
Hints for improving "as soon as possible" by world standards

第4章

上手くなりたかったら「コレだけやろう」

1 計画を立てよう

ここまで、いろいろなことを「やめろ」と言ってきましたが、最終章となる第4章では、「いろいろやめた結果、結局何をすればいいのか」ということをお話ししていこうと思います。

しかし、「何をすればいいか」と言っても、残念ながら誰もが上手くなる絶対的なスイング理論やそれが身につく魔法のドリルがあるわけではありません。具体的な練習方法もあえて紹介しません。その代わり、本当に上手くなるためのゴルフへの取り組み方というものを、細かくご説明していこうと思っています。

まず、上達のために絶対的に必要なものは、計画です。これはゴルフに限りませんが、何かを達成しようとするならば、その終着点を明確にしなければ、それまでの過程も、なすべきことも見えてきません。

まず何でもいいので、思い浮かぶ具体的な目標と、それが達成されるべき時期をイメージしてください。たとえば「5年後にホームコースのクラブチャンピオンになる」

でもいいですし、「1年後にベストスコア100を切る」でも「65歳で定年退職後、5年以内にシングルプレーヤーになる」でも構いません。自分が「いつ、何になりたいか」をハッキリさせてください。

その目標が見えてくれば、そのために何をすべきかも明確になります。5年でクラチャンになりたいのなら、その前に、2年後にシングルになるとか、4年で平均スコアを70台にするとか、そういった通過点もわかってきます。これらを達成することの積み重ねが、目標達成の過程そのものになるのです。

こういった目標は、途中で上方修正しても構いません。クラチャンを目標にしていたけれども、練習場に通ううちにゴルフへの情熱が高まってきて「10年後に日本アマに出たい！」という新たな目標ができるかもしれません。そうしたら、その目標に向けて過程も修正していけばいいのです。人間は、想像できる範囲のことしか目標にすることはできませんが、成長するに従ってその想像できる物事の幅も広がってきます。

反対に、「そのうちシングルになりたいとは思うけれども、とりあえず90切りが目標かな」というように、大きな目標から目をそらして小さい目標を先に考えるのはダメです。イメージできる最大のものを目標にしましょう。

人間誰しも時間には制限があります。いま50歳の人は、20年後の目標を大きく持っても、残念ながらそのときには身体的な理由からゴルファーとしてのピークを過ぎてしまっている可能性が高い。自分の年齢やキャリアなど、時間的な制約も考慮に入れなければ、計画は計画と言えないのです。

だからこそ、遠回りしている時間はありません。どんなに速く上達したいと思っても思うように上手くなっていかないのがゴルフ。より効率的に、速く上達できる方法を探すことは、とても重要で、そのために計画は絶対に欠かせないのです。

結論

「いつ、何になりたいか」を明確にイメージしよう

2 よい指導者を探そう

上達の計画を立てても、それを確実に実行するのは容易なことではありません。現実的には、プロゴルファーのレッスンを受けるのが早道です。「結局それしかないの？」と思うかもしれませんが、コストパフォーマンスという意味でも、効率面でも、よいコーチの指導を受けることがおそらくいちばんでしょう。そのために、自分に合った、よい指導者を見つけてください。

よい指導者の条件とは何かと言えば、まず第一に人となりです。人間的に尊敬できない人に何かを教わっても、決してうまく行きません。これは直接会って話をしながら見極めるしかありませんが、ただ顧客を気持ちよくさせるだけのサービス業ではなく、いち指導者としてあなたを導ける人かどうかを判断してください。

指導者としては、分析能力が高いことも重要です。その人にどんな問題点があり、それがどんな結果につながっているか。そしてそれを修正するためには何をすればいいのかという因果関係を的確に見抜ける目がなければ、コーチは務まりません。あなたのスイングを見ただけで、持ち球やミスショットの傾向を一発で見抜けるかどうかは、その基準と言ってもいいでしょう。

そして理論的土台と知識の量。他人に何かを教えるためには、伝えるべきことの10倍の知識が必要です。あなたを上達に導くには、そのベースとなる豊富な知識を持っている人でなければいけません。それを見極めるには、いままでどんなキャリアを積んできたか、どんな先生のもとでどのようにゴルフを学んできたのか、いま現在も勉強、努力を続けているかということを聞いてみましょう。

そしてそれを論理的に伝えるボキャブラリーがあることも大事です。コーチ自身はわかっていることでも、それをあなたに理解、納得できるようにきちんと伝えることができなければ、指導者としては不合格です。その「伝達力」を左右するのは、語彙力にほかなりません。

こういった要素をきちんと兼ね備えた人でなければ、あなたの目標を達成するための効率的な手助けをするのは困難です。自分の経験則を感覚的に伝えるような手法で上手くなれる確率は、残念ながら低いのです。

大事なのは、遠慮せずにしっかりリサーチして、色眼鏡なしに的確に判断すること。

どんなに有名なコーチでも、あなたに合うとは限りません。すべては、あなた自身が上達できることが重要なのです。

結論

指導者は入念に選ぼう

3 チームを作ろう

あなたのゴルフを上達させる手助けをしてくれる人は、1人でなくても構いません。できることなら、あなたを中心とした「チーム」を結成しましょう。

たとえば、技術的なコーチがメンタルのことや体のことについても専門家であるとは限りません。そういったところまですべてを1人のコーチに任せる必要はなく、メンタルならメンタルの、フィジカルならフィジカルの専門家を見つけ、専門的な分野はその人に相談するのです。

たとえばもっと飛距離を伸ばしたいとコーチに相談したら「もう少しパワーがほしい」ということになるかもしれません。そんなときは、そのための筋力トレーニングのメニュー作りまでプロゴルファーに任せる必要はなく、行きつけのジムのトレーナーなど、トレーニングの専門家に相談すればいいのです。

クラブに関しても同様に、フィッターやクラフトマンなどクラブの専門家を見つけて、その人に相談しましょう。クラブの専門家は、最新クラブの知識が豊富であることは大前提ですが、技術面の知識も持ち合わせ、あなたのスイングやプレーぶりを理解している人ならベターです。このほかにも、メンタルコーチやマネジメントのコーチ、ショートゲーム専門のコーチ、ケガがちであるならメディカルスタッフなど、適正な人材がいるのであれば、技術面も細分化して分業制にしてもいいでしょう。

第2章で、「コーチを選ぶ際はセカンドオピニオンを取れ」と言いましたが、各ジャンルの担当を複数人ピックアップして、それらのコーチたちの意見を総合して判断する方法もあります。しかし、「船頭多くして、船山に上る」という格言もあるように、あまりたくさんの意見を取り入れすぎるのも混乱の原因になりかねせんので、そこは精査してバランスを取ってください。

実際、欧米のトッププロの多くは、スイングコーチのほかにショートゲームやパッティング専門のコーチをつけたり、フィジカルコーチ、マッサー、栄養士、そして専属キャディなどの多数の専門家たちによる「チーム」で行動しています。本当に上達を目指すのであれば、アマチュアだってそのくらいしてもいいのです。

結論

各分野の専門家に相談しよう

4 「スタッツ」をつけよう

「スタッツ」とは「統計」を意味する英語ですが、ここでは、フェアウェイキープ率や平均パット数、リカバリー率やドライビングディスタンスなどの、スコア以外の数値データを指します。上達とは、ただスコアの数字だけを見るのではなく、これらのスタッツを基準にすることが重要です。

とくにゴルフは、技術的にレベルアップしてもそれがすぐにスコアに反映されません。ドライバーが少々飛ぶようになったからといって平均スコアがそうそう上がるものではありませんが、ドライビングディスタンスが5Ｙアップしたのであれば、それは確実にレベルアップしていると言えます。この差を自分で正しく把握することは、モチベーションの向上にもつながりますし、自分の長所・短所を認識するうえでも非常に重要です。

また、ゴルフは主観と現実にもギャップが出やすいものです。たとえば、「今日はなんだかパットが入らなかった」と感じたけれども、実際はパーオン率が上がっていて、グリーンに乗った回数が多かった反面アプローチの回数が少なく、1パットが少なかったのが原因だったというケースもあります。データを正しく分析できていれば、これを「ショットのレベルアップ」とポジティブにとらえられますが、分析が不適切だと「パットが不調だった」とネガティブにとらえてしまうかもしれません。そういった誤解を防ぎ、現状を正しく分析するうえでも、スタッツの分析は重要です。

スタッツのデータは細かいに超したことはありませんが、あまり細かな統計を取るのはたいへんです。まずは最低限、左記5項目くらいのデータを取ってみてください。

フェアウェイキープ率

ティショットがフェアウェイに行った確率を示す。パー3を除き、パー4とパー5のティショットで算出するため、ドライバーの精度の基準となる。

パーオン率

パー3では1打、パー4では2打、パー5では3打以下でグリーンオンした確率を示すデータで、ショットの総合力の基準となる。

平均パット数

正確には、パーオンしたホールを平均何パットでカップインさせたかを示すデータだが、プロほどパーオン率が高くないアマチュアの場合は、9ホールごとの合計パット数を基準にしたほうがわかりやすいだろう。グリーン外からパターを使った場合はカウントしないのが一般的。

リカバリー率

パーオンしなかった場合にパーよりいいスコアで上がれた確率。アプローチやトラブルショットの技術の目安となる。アマチュアの場合、ティショットを曲げてパーオンしなかった場合などを排除するため、残り100Y以内から、もしくはグリーン周りからの打数を計算するという方法もある。

サンドセーブ率

グリーン付近のガードバンカーから2打かそれより少ない打数でカップインした確率を示すデータで、バンカーショットの技術の基準になる。

これらのスタッツを見れば、いまの自分の問題点がわかってきます。ティショットが曲がるのか、アイアンが下手なのか、アプローチやバンカーに問題があるのか、パッティングに難があるのか。そうすれば、たとえば「フェアウェイキープ率を50%に上げる」というような具体的な目標が見えてきて、さらにはそのためには何が必要なのかという対策も浮かんできます。こういった過程を踏んで短所を直し、長所を伸ばしていくことこそ「上達する」ということなのです。

またデータという意味では、自分の各番手のキャリーとランの距離を正確に知ることも重要です。「7番アイアンで１５０Ｙ」などとトータルの距離は把握していても、その内訳が「キャリー１４５Ｙ、ラン５Ｙ」なのと「キャリー１３５Ｙ、ラン15Ｙ」なのでは、意味合いが大きく違い、池やバンカーなどを越えて打っていく場合の判断基準が変わってきます。これはドライバーも同様で、キャリーの距離を正確に把握していなければ、バンカーを越えて打てるのか、ショートカットできるのかなどの判断が正しくできません。

非常に基本的なことではありますが、細部を疎かにせずにデータを正しく管理することは、上達に不可欠なことなのです。

スコアよりもスタッツの向上を目標にしよう

5 理論を理解しよう

コーチの選び方においても「知識が重要」だと述べましたが、これは自分自身についても言えることです。

ゴルフのように、大人になってから始めることというのは、反復練習によって「体で覚える」だけではなかなかうまくいきませんし、効率がよくありません。自分の頭で仕組みを理解して、正しいと思えることを選択していかなければ、限られた時間とお金をムダにすることになります。

まずは自分のコーチの理論を正しく理解することが第一ですが、そのためには、雑誌や本などどから積極的に情報を収集し、吸収してください。理論を理解するためには、幅広い知識が不可欠であり、知識はどんなにあっても困ることはありません。とくに、球が曲がるのはなぜか。効率のいい弾道とはどんなものか。ゴルフスイングとはどんな動作なのか……そういった基礎知識がなければ、スイング理論を理解することはできません。いろいろな人が言っていることを、一歩引いた視点から客観的に見て、他の理論などと照らし合わせながら自分の糧にしてください。

ただし、そういった知識の寄せ集めで、「自分独自の理論」を構築しようとするのは危険です。むしろ、正しく「受け売り」をするべきです。

既存のスイング理論の多くは、その道の専門家の長年の研究の結果生み出されたものです。その優れたテンプレートを理解し、自分に合ったものを選んで活用していくのが、もっとも確実で効率のいい方法であることは間違いありません。ひとつの理論への理解が深まれば、他の理論の意図するところやニュアンスも理解できるようになりますし、自然と応用もできるようになっていきます。そのすべての土台となるのが知識なのです。

理解のベースとなる知識を集めよう

6 クラブに仕事をさせよう

ゴルフは、道具への依存度が非常に高いスポーツです。にもかかわらず、アマチュアゴルファーの多くは、クラブの存在とその動きよりも、自分の体への意識とその動きに重点を置いており、それが上達を妨げる要因となっています。

自分が正しく動けばクラブも正しく動くと考えられがちで、スイングレッスンもそのように体の動かし方を指導する場合が多いですが、それは必要十分条件ではありません。優先順位が高いのはクラブが正しく動くこと。極論すれば、クラブさえ正しく動けば、体の動きがどんなにメチャクチャでも構わないのです。

これには、ゴルフクラブの特殊な形状が関係しています。ゴルフクラブは、野球のバットのような単純な棒ではなく、シャフトに対してヘッドがオフセットしてついているため、手で持っているシャフトの延長線上から外れたところに重心があります。しかもそこにはフェース面がついており、そこで正しくボールをとらえなければ真っすぐ飛ばせません。そのためゴルフクラブを操るには、ほかのスポーツの道具以上に

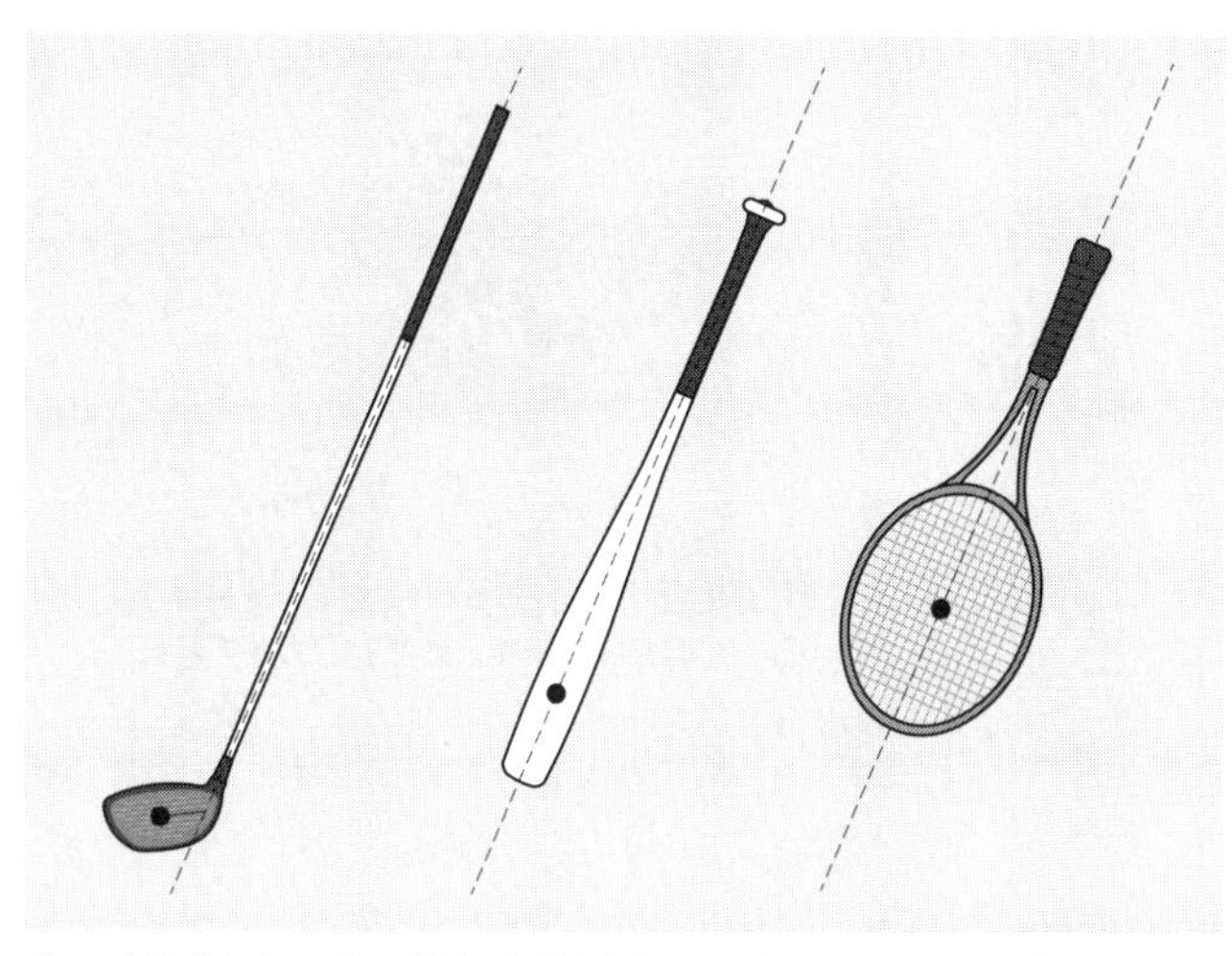

ゴルフクラブは、シャフトの軸線から外れたところに重心があり、そこでボールをとらえる必要があるため、扱いが難しい

三次元的にクラブがどのポジションにありどこを向いているかという空間認知が必要とされるのです。

しかし体の動きに意識が行きすぎたり必要以上に力んだりすると、スピーディなスイングの中で、クラブのポジションを正しく認識できなくなってしまいます。その結果、シャフト軸に対するヘッドの位置やフェース向きのポジションがズレ、飛距離を損なったり球が曲がったりするのです。

スイングタイプによって、クラブの運動量が大きい、小さいという差はありますが、どんなスイングで

クラブとボールの関係は、絶対的な物理現象。すべてはそこを出発点に考えることが重要だ

あっても、スイング中の正しいクラブのポジションはアドレスからフィニッシュまでほぼ決まっており、とくにフェース面の向きが許容範囲から大きく外れると、取り返しがつきません。それらを認識することこそ、ゴルフの上達のいちばんの早道と言えます。

大事なのはクラブがどう動くか。そしてそのために自分がどう動くべきかという順序です。ゴルフクラブとボールの関係というのは純粋な物理現象に支配されており、フェースがボールにスクエアに当たらなければボールは真っすぐ飛びません。その出発点さえ間違わなければ、スイングを考える際にも極端におかしな方向に向かったりすることはないのではないでしょうか。

体よりもクラブの動きを重視しよう

7 下半身を使おう

よいスイングの条件というのは、タイプによっていろいろでひと口には言えないものですが、おそらくすべてのケースで共通して言えるのが、下半身を積極的に使っているという点です。

アマチュアゴルファーは、圧倒的に下半身よりも上半身に意識が偏りがちです。それは、ゴルフがクラブを振って球を打つスポーツであり、そのクラブを握っているのが腕であるため、その腕をどう振るかということに意識が行くからでしょう。

また、下半身を使うということが正しく理解できていないと、下半身を使うとスイングが暴れそうという先入観をなかなか拭えません。クラブヘッドをボールに当てたいという意識が、手や上半身偏重の動きを招くのだと思います。

しかし、実際はそうではありません。ゴルフスイングは、ただヘッドをボールに当てればOKというわけでなく、クラブにスピードを与えなければなりません。だから手だけではなく下半身を積極的に使う必要があるのです。イスに座った状態でクラブ

下半身をダイナミックに使うことで動きが安定し、地面から力をもらうこともできる

を振っても、ヘッドスピードは出せません。下半身の動きによって、地面からパワーをもらう必要があるのです。

このとき、上半身に余計な力が入っていると、下半身がスムーズに動きにくいだけでなく、下半身から伝わるエネルギーを効率よくクラブに伝達することができません。ムチの先端を走らせるためには、中間部分がしなやかでなくてはならず、手元側がきちんと動く必要がありますが、上半身に力が入っている状態というのは、ムチの中間部分を固めて、そこを動かそうとしている状態に近いと言えます。これでは当然、先端部分＝クラブヘッドはスピーディに動きません。

どんな理論でスイングを構築するにしても、上半身以上に下半身へ意識を置き、積極的に動かすということを忘れないでください。

当てることにとらわれず、フットワークを積極的に使おう

8 タイミングを考えよう

下半身を使うこととも関連しますが、ゴルフスイングにおいては「運動連鎖」が非常に重要です。

大事なのは、動きの順番とタイミング。連続写真に写っているようなきれいな形をどれだけ真似しても、動きの順番とタイミングがズレているとちゃんと当たりませんし、スピードも出せません。とくにバックスイングからダウンスイングへの切り返しは、必ず下半身から動き出さないと、クラブのスピードも出ませんし軌道も乱れます。下半身、胴体、腕、クラブと動きが順番に伝わっていくことでクラブは加速し、適正な軌道を描くのです。

ゴルフを始めたばかりの初心者の場合は、形を作ることで動きが安定し、タイミングがよくなるということはありますが、ある程度スイングの形が整ってきた人の場合は、タイミングのいい動きからいい形が生まれるケースのほうが圧倒的に多いと言えます。スイングを静止画で考えるべきではないのです。

とくにコースでプレーしているときには、形を意識してもうまく行きません。むしろタイミングだけを考えているときのほうが自然といい形で振れるものですし、調子がいいときというのは得てしてタイミングやリズムがいいときです。

しかし、タイミングというのはスイングタイプによっても変わりますし、そもそも人それぞれ自分のリズム、自分のタイミングというものは違うので、どのタイミングでどこに力を入れ、どう抜くかを説明するのはほぼ不可能です。

だからこそ上達とは、いわば「自分のタイミングを見つけること」に他ならないのです。普段の練習から、形よりも動きの順番やタイミングを強く意識することを大事にしてください。

また、力を使う向きについても、正しく理解している必要があります。「体重移動」とひと口に言っても、それがどの方向に向かうべきなのか、体や腕も、どの方向に向かって力を使うのか。

これも、スイングタイプによって正解は異なり、絶対的な答えはありませんが、自分の理想がどうあるべきかは頭に入れ、意識しながらスイングすべきです。

結論

普段から動きの順序やタイミング、力の向きを意識しながら練習しよう

9 失敗を許容しよう

ゴルフは失敗のスポーツ。どんなトッププロでも、失敗のないラウンドはありません。しかし、だからこそその「失敗」をどのようにとらえ、どうコントロールしていくかが非常に重要です。

まず、失敗の数を減らしましょう。いくらゴルフが失敗のスポーツだと言っても、みな望んで失敗をしているわけではありませんから、やはり失敗のショットばかり続くのは気持ちがいいものではなく、メンタル面でもプレーの流れという点でもよくありません。にもかかわらず、アマチュアゴルファーの多くは自分のショットの結果に対して成功のハードルを高く設定しすぎている結果、自ら失敗の確率を上げています。まずこの「成功のハードル」をもう少し下げてやれば、相対的に失敗は減るということです。

その基準は、とりあえず50%というところではどうでしょうか。10回打って想定しうる上位5回分の結果が出れば、まずは「成功」と考えるのです。アマチュアの多く

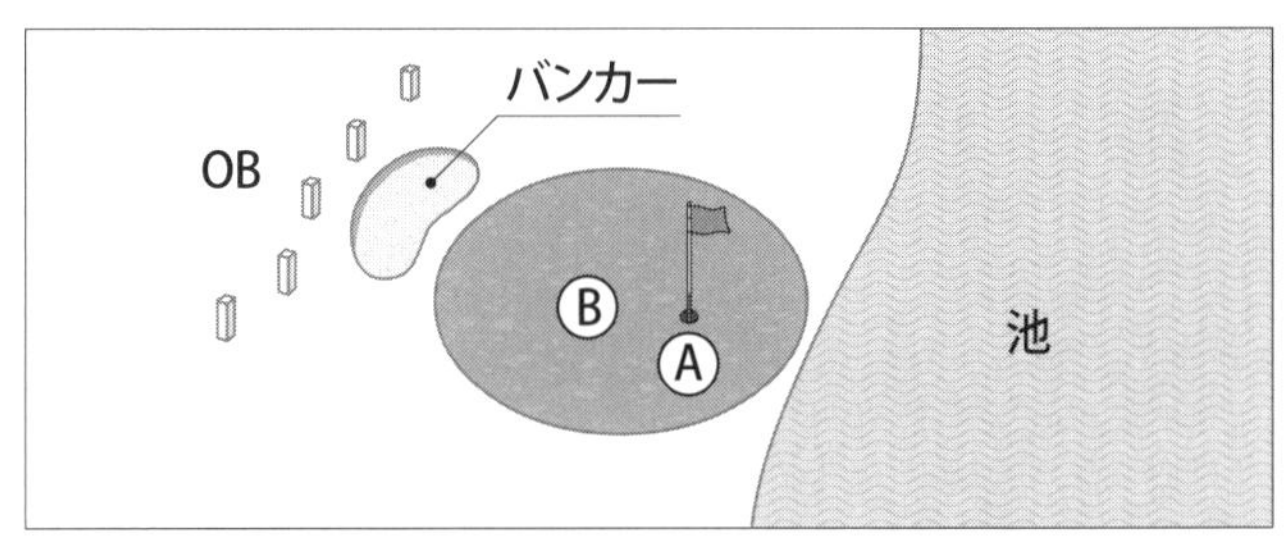

グリーンの右側に池があり、ピン位置がやや右、左にバンカーがあるような状況を想定し、ピンを直接狙う目標をⒶ、池を避けてやや左を狙った目標をⒷとして考えてみる

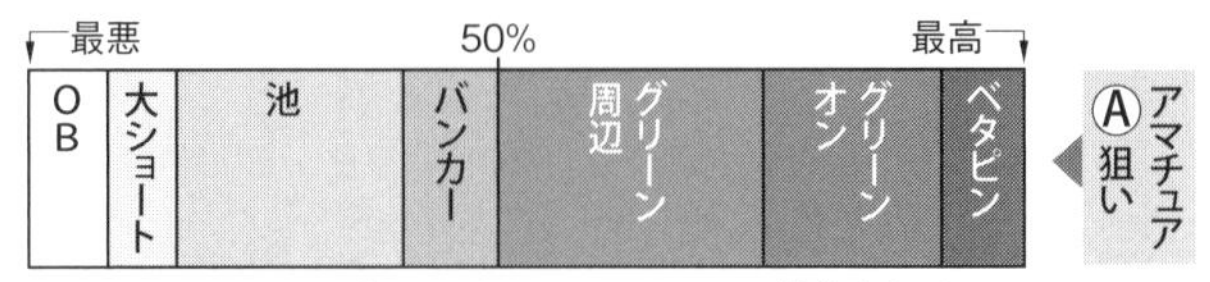

ピン付近のⒶを狙って打ってグリーンオンしなければ「成功」と考えられないなら、成功率は25%程度しかなく、ほとんどのショットが「失敗」になってしまうが、「グリーン周辺でもOK」と考えられれば、半分は「成功」と考えられる。また、約5割の確率でバンカーや池など、大叩きの可能性が残ることになる

ショットの精度が同じだとしても、ピンを狙わずグリーンセンターかやや左寄り、池から遠いサイドのⒷを狙えば、ベタピンの可能性は減るが、池のリスクは大幅に減り、さらに「バンカーでもよし」と考えられるならば、75%くらいの結果を「成功」と受け止められる

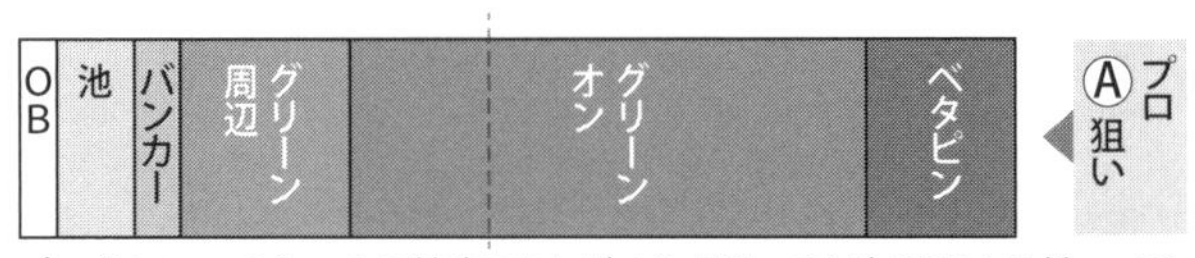

プロゴルファーのショットの精度であれば、ピンを狙っても池のリスクは低い。さらに「グリーン周辺でOK」と考えれば、8割のショットは「成功」と考えることができる。池のリスクをさらに減らしたいなら、Ⓑを狙えば大失敗の可能性を排除できる

はこの「成功」の基準を10%とか20%くらいの成功率のところに設定しているように思えます。

たとえば、平らなフェアウェイから7番アイアンでグリーンを狙うとします。アマチュアの7番アイアンでのパーオン率はおそらく50%を超えることはないと考えれば、グリーンオンせずとも、次打アプローチでグリーンを狙えて寄せワンの可能性が残るところまで運べれば、十分に「成功」と言えるはずです。これを、グリーンに乗っただけでは満足できず、バーディチャンスに付けられてやっと「成功」という基準でゴルフをしても、いいことはひとつもありません。

実際のところ、プロゴルファーの多くは成功の範囲を50%どころか80%くらいまで広げて考えているものです。ティショットもアイアンショットも基本的には「次打が打てるところにあればOK」というくらいで、ときにはバンカーでも十分許容範囲と考えてプレーしている場合もある。技術的にレベルの低いアマチュアのほうが、よりシビアな結果を求めてゴルフをしているケースが多いのです。

成功の幅を狭めすぎていると、失敗したときのリスクが大きくなるという問題も引き起こします。たとえば上位20%のナイスショットばかり想定してプレーしている人は、下位40％くらいの、十分起こり得る結果について想像が及ばなくなります。その結果、「普段よりちょっと大きめに曲がった」くらいのミスがＯＢになったり池に入るなどして致命傷につながるケースが多い。ミスではないレベルのズレが、結果的に大きな失敗になってしまうのです。

普段から結果を80％くらいまでの範囲で考えていれば、「大きめに曲がる」くらいは想定内ですから、そのくらい曲がってもＯＢや池などに入らないところに狙いどころを設定するようになります。つまり、少々のミスが失敗にならなくなるのです。

これこそがマネジメントの核心ですが、その背景には自分のショットの成功率や起こり得るミスの幅を正しく把握し、想定しておくということがあるのです。

結論

「成功」のハードルを下げて気楽に安全にプレーしよう

10 仲間を作ろう

最後にみなさんに提案したいのは、ゴルフ仲間を作ろうということです。

ゴルフは個人競技のスポーツではありますが、上達を目指して自分1人だけで努力を続けるというのは、なかなか難しいことです。やはり他人からの刺激を受けることは、上達のための重要なファクターとなります。

「あいつよりも上手くなりたい」「負けたくない」という気持ちは、練習への強いモチベーションになりますし、誘い、誘われながら練習やラウンドの機会を増やす要因にもなります。また、一緒に練習しながらお互いのスイングをチェックし合ったり、自分が取り組んでいることを説明し合ったりするのは、見識や知識を深めるうえでも大きな効果があります。

第2章で提案したような「練習ラウンド」も、仲間がいれば効果的に取り組めます。よく知らない人とプレーする場合はスコアを気にせず「練習」というのは気兼ねするものですし、本当に「ミスしてもＯＫ」という練習ショットなども試しにくいものです。その点、練習仲間とのラウンドであれば、そういった部分への理解もあり、客観的なチェックを頼んだりすることもできるでしょう。

ゴルフ仲間は、遠慮のない気心の知れた仲間であることも大事ですが、傷をなめ合ったり足を引っ張り合う存在ではいけません。やはりライバルとして尊敬し合える人物であり、いい意味で競い合える相手であるのがベストです。

こういった真のゴルフ仲間は、そう簡単に見つかるものではありませんが、だからこそ、普段からよい仲間になれそうな人を探す意識は必要でしょう。その意味では、会員権を買ってメンバーシップに入るのは、同じ拠点を持つ仲間を見つける場としても、大きな可能性があるといえます。１人といわず、たくさんのゴルフ仲間ができれば、上達の助けとなることは間違いありません。

ライバルの存在があなたを高めてくれる

おわりに

本書では、ゴルフ界で一般的に言われているいろいろなことを否定し、余計なことを「捨てる」ことでやるべきことをシンプルにし、上達する方法を語ってきました。

しかしこれは、新たなことを吸収するのをやめなさいと言っているわけではありません。手に入れたものを吟味し、取捨選択していくことこそが重要であり、その選択肢を増やすことは非常に重要です。みなさんはこれまで、ゴルフ雑誌や本、テレビのゴルフ番組などでさまざまな知識を得てきたと思いますが、世の中にはその何倍もの知識、事実が存在します。それを取り入れる努力は怠らないでください。

新しいことを取り入れることも慎重に行わなければなりませんが、捨てることもまた、慎重でなければなりません。そしてそれには、プロフェッショナルの手助けを借りることが安全確実で、効率的です。本編でも繰り返し述べてきましたが、その手助けをしてくれるパートナーが見つかってからが本当のスタートと言っていいかもしれません。

ゴルファーは、コースでは自分しか頼ることができませんが、コース以外の場所では必ずしも自分ひとりの力で何もかもを行わなくてもいいのです。適切に人の力を借りつつ、自立し、自律できるバランスのいいゴルファーを目指してください。

最後になりますが、本書の出版にあたり多大なご尽力をいただきました、辰巳出版の湯浅勝也さん、ライターの鈴木康介さん、カメラマンの有原裕晶さん、そして撮影にご協力くださったゴルフ倶楽部成田ハイツリーさんに、厚く御礼申し上げます。ありがとうございました。

2018年6月

プロゴルファー
吉田洋一郎

企画・進行…廣瀬和二　湯浅勝也　高橋栄造　説田綾乃　中嶋仁美　永沢真琴
販売部担当…杉野友昭　西牧孝　木村俊介
販売部…辻野純一　薗田幸浩　髙橋花絵　亀井紀久正　平田俊也　鈴木将仁
営業部…平島実　荒牧義人
広報宣伝室…遠藤あけ美　高野実加
メディア・プロモーション…保坂陽介
FAX : 03-5360-8052　Mail : info@TG-NET.co.jp

装丁 ◎ 仲亀徹（BE. TO BEARS）
構成・編集協力 ◎ 鈴木康介
写真 ◎ 有原裕晶
本文イラスト ◎ 笹森識
本文 DTP ◎ SASSY-Fam
取材協力 ◎ ゴルフ倶楽部成田ハイツリー
◎ J.LINDEBERG（株式会社グリップインターナショナル）
◎ FOURTEEN（株式会社フォーティーン）
◎ Foot Joy（アクシネットジャパンインク）

ゴルフは「捨てる技術」で上手くなる！
世界基準の“ラクして速く”上達するヒント

平成30年6月10日　初版第1刷発行

著　者　吉田洋一郎
発行者　廣瀬和二
発行所　辰巳出版株式会社
〒 160-0022
東京都新宿区新宿 2丁目15番14号　辰巳ビル
TEL　03-5360-8960（編集部）
TEL　03-5360-8064（販売部）
FAX　03-5360-8951（販売部）
振替　00180-0-705733
URL　http://www.TG-NET.co.jp

印刷・製本　大日本印刷株式会社

ISBN　978-4-7778-2081-8　C0075